rororo gesundes leben
Lektorat Heike Wilhelmi und Bernd Gottwald

Ingo Jarosch

TAI CHI

Neue Körpererfahrung
und Entspannung

rororo

Rowohlt

14.–16. Tausend Februar 1997

Originalausgabe
Veröffentlicht im Rowohlt Taschenbuch Verlag GmbH,
Reinbek bei Hamburg, Juni 1991

Umschlaggestaltung Barbara Thoben
(Foto: jump, Hamburg)
Zeichnungen Ingo Jarosch
Layout Gabriele Boekholt
Satz Times Postscript Linotype Library,
Linotronic 300, Jung SatzCentrum, Lahnau
Druck und Bindung Clausen & Bosse, Leck
Printed in Germany
1490-ISBN 3 499 18803 1

Mein Dank gilt Ulrich R. Prass,
der mich ‹laufen› lehrte,
und meiner Frau Mechthild.

Inhalt

Einführung

Das Interesse an fernöstlichen Gesundheitssystemen nimmt mit steigendem Maße zu. Die Gründe dafür können sehr unterschiedlich sein. Zum einen geht von allen Systemen eine nicht zu leugnende Faszination aus, die uns bekannte Übungsformen nicht oder nur in sehr beschränktem Ausmaß besitzen. Zum anderen hat sich auch das Freizeitverhalten und Gesundheitsbewußtsein enorm geändert.

Immer mehr rückt das persönliche Wohlbefinden in den Vordergrund, und gerade das versprechen alle diese Systeme.

Natürlich sind die Anforderungen, die an ein solches System gestellt werden, dementsprechend groß. Man sucht einen Sport, der körperlich und geistig jung erhält und nicht allzu anstrengend ist. Am besten wäre, wenn er sich sogar noch gesundheitsfördernd auswirken würde und die kleinen körperlichen Unzulänglichkeiten, wie die gelegentlichen Rückenschmerzen, die steifen und unbeweglichen Knochen, vergessen machen könnte. Obendrein sucht man einen wirklichen Ausgleich zu dem Streß und den Strapazen des Berufslebens.

Nicht zuletzt aber auch erliegt man dem fernöstlichen Charme und der Mystik dieser Systeme, denn vieles, was sich nicht auf die Schnelle erklären läßt, übt eine nicht erklärbare Anziehungskraft aus.

Eine Entscheidung für oder gegen ein System wird einem Laien meistens sehr schwer gemacht.

Wofür soll er sich entscheiden? Wählt er ein bestimmtes System aus, verzichtet er unter Umständen auf die Vorzüge eines anderen?

Die Gründe, die Sie dazu bewegt haben, sich für TAI CHI zu interessieren, sind vielleicht den oben aufgeführten ähnlich. Lassen Sie sich einfach von dem, was ich Ihnen als einen anderen Einstieg in TAI CHI anbieten möchte, überraschen.

Dabei möchte ich versuchen, bestehende Vorbehalte abzubauen, oder besser gesagt, erst gar nicht aufkommen zu lassen. Wenn Sie nach der Lektüre einige Gedanken oder sogar Anregungen für sich übernehmen können, würde mich das sehr freuen.
Vielleicht schaffe ich es auch, Sie auf dieses Bewegungssystem so neugierig zu machen, daß Sie sich entschließen, TAI CHI lernen zu wollen.

Einstieg über die Körpererfahrung

Wenn man den Medien Glauben schenken darf, so lassen sie keinen Zweifel daran aufkommen, daß TAI CHI in China der Volkssport Nummer 1 ist.
Die Anhängerschaft wächst überall da, wo Chinesen beheimatet sind. Menschengruppen, die frühmorgens, ob Sommer oder Winter, in öffentlichen Anlagen oder sogar auf Bürgersteigen TAI CHI ausüben, sind hinlänglich bekannt.
Auch Japan trägt zur allgemeinen Verbreitung, zum Teil mit eigenen Entwicklungen wie TAI KYOKU KEN, bei.
Jedoch bei uns ruft jemand immer noch Erstaunen und Unverständnis hervor, der morgens im Park TAI CHI macht. Man spürt die Unsicherheit des zufälligen Zuschauers, denn er weiß nicht so recht, ob er stehenbleiben und zusehen soll oder nicht. TAI CHI hat noch etwas Mystisches, der Zuschauer will nicht stören, sich nicht einmischen, schon gar nicht sucht er ein Gespräch, um nachzufragen.
Wenn Sie Publikationen über TAI CHI einmal zur Hand nehmen, werden Sie feststellen, daß Aufbau und Inhalt fast immer gleich sind. Nach einer philosophischen Einführung werden geschichtliche Hintergründe dargestellt. Die Vielzahl von fremden Namen, unterschiedliche Schreibweisen und eine Reihe von Jahreszahlen machen oft den Eindruck, daß man dies alles wissen muß, um das Folgende verstehen zu können.
Es folgt die obligatorische Abhandlung über die gesundheitlichen

Auswirkungen, und im Anschluß daran werden einige Sequenzen als Beispiele der besonderen Bewegungsform vorgestellt.
Ich möchte bezweifeln, daß die überwiegende Mehrzahl der Chinesen, Taiwanesen und Japaner, die TAI CHI praktizieren, sich nach westlichen Vorstellungen vorgebildet hat. Ich denke, daß sie vielmehr TAI CHI machen, weil es ihnen Spaß macht. Es hält sie körperlich und geistig fit, und es gehört einfach zu ihrem täglichen Leben. Auch wir könnten TAI CHI in viel größerem Umfang für uns nutzen, wenn wir einen unserer Mentalität gemäßen Einstieg akzeptieren würden, der z. B. die Kunst der besonderen Bewegungsform in den Vordergrund stellt. Statt dessen bauen wir philosophische Hemmschwellen auf und schrecken Interessierte ab.
Ich denke, daß die Rückbesinnung auf sich selbst und die dabei erfahrene körperliche und geistige Entspannung den wichtigsten Teil von TAI CHI ausmachen. Die fast tänzerischen Bewegungen machen sehr viel Spaß, und mit zunehmender Übung stellen sich die gepriesenen wohltuenden Wirkungen von allein ein. Gerade zu Anfang muß der Lernende feststellen, daß er vier Hände und vier Füße hat. Zu unterschiedlich werden bei den einzelnen ‹Stellungen› die Hände gehoben oder gesenkt, die Füße auf dem Ballen oder der Ferse gedreht, das Gewicht auf den vorderen oder hinteren Fuß verlagert. Diese neue Körpererfahrung verwirrt viele und läßt sie manchmal verzweifeln. Das Umsetzen von Gehörtem und Gesehenem in die eigene Aktion erfordert die gesamte Aufmerksamkeit und zwingt zur Kontaktaufnahme mit dem eigenen Körper. Ein Anfänger ist zu dieser Zeit überwiegend mit sich selbst beschäftigt und versucht, fasziniert von der Leichtigkeit der Bewegungen seines Lehrers, die Abläufe nachzuahmen. Erst im Laufe der Zeit wächst das Verständnis für die besondere Art der Bewegung, und die zeitlupenartigen, sanften und fließenden Bewegungen bewirken eine bis dahin nicht gekannte Sensibilität, und erst dann könnte der Zeitpunkt gekommen sein, wo jeder für sich entscheiden muß, ob er mit dem bisher Erreichten zufrieden ist. Ein vorsichtiger ‹Blick hinter den Zaun› und damit über das TAI CHI als Bewegungskunst hinaus kann sicherlich nicht nur für Ihr TAI CHI, sondern für viele Lebensbereiche neue Möglichkeiten eröffnen.

Passen Sie aber auf, daß Sie im wahrsten Sinne des Wortes die Balance halten und nicht ‹kopflastig› werden, denn ein vollkommen vergeistigtes TAI CHI kann nicht gewollt sein. Wenn Sie sich an erster Stelle immer die Freude an der Bewegung bewahren, haben Sie bestimmt das richtige Augenmaß gefunden.

Bewegungskunst

Der Zuschauer, der zum erstenmal eine längere Bewegungsfolge aus einer TAI CHI-Form sieht, wird, ohne genau bestimmen zu können, warum, fasziniert sein.
Die Bewegungen folgen einem nicht erkennbaren Rhythmus, und nach längerer Betrachtung wird er herauszufinden versuchen, was ihn daran so fesselt. Um die Wirkung auf sich zu erklären, fallen ihm vielleicht Worte wie ‹harmonisch, entspannt, elegant, leicht, fließend, schwerelos oder ruhig› ein. Doch alle diese Attribute beschreiben immer nur einen Teil dessen, was er sieht.
Mit zunehmender Beobachtung erkennt er, daß der Ausübende wie mit dem Boden verwurzelt steht und mit jedem Schritt die Kraft für seine Bewegungen aus dem Boden zu ziehen scheint. Er spürt die volle Konzentration und Körperbeherrschung, nichts bleibt dem Zufall überlassen, alle Handlungen sind fein aufeinander abgestimmt.
Der Betrachter vermutet zu Recht, daß die Art der Bewegung etwas Besonderes sein muß, und er wird sich fragen, ob er selbst in der Lage sein könnte, sich so zu bewegen. Diese Frage kann grundsätzlich mit ja beantwortet werden. Eine der Voraussetzungen ist wie bei allen Sportarten das regelmäßige Training.
TAI CHI beinhaltet aber auch ein geistiges Training. Dazu gehört zunächst die Bereitschaft, sich von bestehenden Bewegungsmustern zu lösen und eine andere Art von Bewegung lernen zu wollen. Es wird aber auch viel Phantasie erwartet, um sich mit einer Vielzahl von geistigen ‹Bildern› einem Bewegungsideal zu nähern.
Dies alles erfordert nicht nur Ausdauer, sondern schon etwas Hartnäckigkeit. Sie werden sehr schnell feststellen, daß es anfänglich fast unmöglich ist, Ihre Gedanken und optischen Eindrücke in die richtige Bewegung umzusetzen. Nehmen Sie sich Zeit, und haben Sie mit sich Geduld.

Überprüfen Sie doch jetzt einfach mal Ihre Bereitschaft, einen Ihnen im wahrsten Sinne des Wortes seit Kindesbeinen her bekannten und gelernten Bewegungsablauf zu überdenken.
Was passiert, wenn Sie ganz normal im Zimmer auf und ab gehen? Warum fallen Sie nicht einfach um? Um der Antwort auf diese Frage etwas näher zu kommen, stellen Sie sich bitte so hin, daß zwischen den Füßen etwa 30 cm Platz ist, und verlagern nun das Gewicht von einem Bein auf das andere. Angefangen von den Waden über die Oberschenkel, den Bauch, den Rücken bis hinauf in die Schultern können Sie mit Ihren Händen das Muskelspiel verfolgen, das zusammen mit Ihrem Gleichgewichtssinn dafür sorgt, daß Sie nicht umkippen.
Gehen Sie jetzt ein paar Schritte hin und her, und lassen Sie Ihre Arme ganz locker. Sofort beginnen diese, abwechselnd nach vorn und hinten zu schwingen, d. h. sie sorgen zusätzlich für Ihre Stabilität. Sie merken einen Unterschied, wenn Sie die Hände an die Hosennaht legen. Sie fallen zwar nicht um, das Laufen ist aber längst nicht mehr so angenehm wie vorher.
Wenn Sie jetzt noch versuchen in Zeitlupe zu gehen, also die eben mit normaler Geschwindigkeit ausgeführte Bewegung sehr langsam nachvollziehen wollen, werden Sie feststellen, daß das gar nicht so einfach ist.

Betrachten wir jetzt einen anderen Bewegungsvorgang, der vielleicht nicht so vertraut ist und zudem noch viel schneller abläuft. In den technischen Disziplinen der Leichtathletik können Bewegungen so schnell sein, daß das ungeübte Auge die Schönheit und Harmonie der bis ins kleinste Detail ausgefeilten Technik gar nicht erkennen kann. Erst die Superzeitlupe des Fernsehens macht es dem Laien möglich, die bis auf den Bruchteil einer Sekunde aufeinander abgestimmten Bewegungen wahrzunehmen, die erst im Zusammenspiel die Technik ausmachen. Dabei fällt besonders auf, daß durch die verlangsamte Wiedergabe alles rund und ausgewogen erscheint, obwohl machmal die Originalwiedergabe einen anderen Eindruck vermittelt.
Stellen Sie sich z. B. einen Speerwerfer vor, und versuchen Sie, aus der Erinnerung heraus den Vorgang des Werfens vor Ihrem geisti-

gen Auge ablaufen zu lassen. Der Werfer hat seinen rechten Arm angewinkelt und hält in der rechten Hand, etwa in Kopfhöhe, den Speer. Erst langsam federnd, dann immer schneller werdend, läuft er auf die noch weit entfernte Abwurfmarke zu. Beide Schultern und die Hüfte zeigen in die Wurfrichtung. Wenn der Speerwerfer eine bestimmte Geschwindigkeit erreicht hat, dreht er die linke Schulter mit dem linken Arm etwas nach vorn und die rechte Schulter nach hinten. Mit zunehmendem Tempo werden die linke Schulter und die linke Hüfte immer mehr in die Laufrichtung, die rechte Schulter und die rechte Hüfte zwangsläufig immer mehr nach hinten gedreht. Infolge der zunehmenden Drehung kann er die Füße nicht wie ein ‹normaler› Läufer aufsetzen. Es sieht aus wie ein Kreuzschritt, denn das rechte Bein wird seitwärts vor das linke gesetzt. Der linke Arm wird gestreckt, und die linke Hand zeigt schräg nach oben, während der rechte Arm mit dem Speer in der Hand immer mehr nach hinten bewegt wird. Diese Stellung erinnert an ein schräg gestelltes großes ‹T›. Mit zunehmender Laufgeschwindigkeit gewinnt der Betrachter den Eindruck, als ob sich das Gewicht jetzt mehr nach hinten verlagert. Dadurch wird das linke Bein fast gestreckt und bestimmt nun eindeutig die Laufrichtung. Einige Schritte vor der Abwurfmarke wird der linke Fuß für einen kurzen Augenblick dadurch belastet, daß er in der Bewegung innehält. Gleichzeitig beugt sich der Werfer nochmals etwas nach hinten, und der eigentliche Wurfvorgang beginnt.

Angefangen im linken Fuß, setzt sich die Bewegung fort in den linken Unter- und Oberschenkel. Die Hüfte, jetzt eindeutig als Motor des ganzen Ablaufs zu erkennen, nimmt die Kraft auf und verstärkt sie durch eine plötzliche Drehung. Dadurch wird ein mehr oder weniger großer Sprung mit dem rechten Fuß nach vorn ausgelöst, und die Kraft gelangt durch den Oberkörper, die rechte Schulter, den rechten Ober- und Unterarm in die rechte Hand. Mit dem ‹Abschuß› des Speeres endet schließlich der eigentliche Wurfvorgang.

Wenn der Speer in der Luft ist, kann der Sportler nicht schlagartig stehenbleiben. Die nicht in den Wurf übertragene Geschwindigkeit und die den Wurf einleitende Drehung der Hüfte verlangen eine Fortsetzung bzw. einen Abschluß. Der rechte vordere Fuß trägt nun fast das gesamte Körpergewicht und wird als Bremse eingesetzt. Der Speerwerfer läuft oder hüpft noch einige Schritte nach vorn und kommt zum Stand.

Wie eingangs erwähnt, ist die Analyse von Bewegungsabläufen ebenso ein geistiger Bestandteil von TAI CHI wie das Umsetzen dieser Ergebnisse in die eigene Bewegung.
Beim Speerwurf nimmt Ihnen die Superzeitlupe des Fernsehens die Arbeit ab und präsentiert Ihnen perfekt die langsame Wiedergabe eines schnellen Vorgangs. Wenn Sie eben versucht haben in Zeitlupe zu gehen, waren Sie selbst gefordert. Ohne technische Hilfsmittel mußten Sie selbst einen alltäglichen Vorgang analysieren und anschließend selbst in eine langsame Bewegung umsetzen. Sollten Sie im Besitz einer Videokamera sein, machen Sie sich doch einmal folgenden Spaß: Zeichnen Sie Ihr Zeitlupengehen mit normaler Geschwindigkeit ein paar Minuten auf und geben es anschließend auch mit der normalen Geschwindigkeit wieder. Das Medium Fernsehen verfremdet zusätzlich Ihr Gehen, so daß Sie, selbst wenn es nicht besonders gelungen war, erst überlegen müssen, ob die Wiedergabe mit normaler oder langsamer Geschwindigkeit erfolgt. Betätigen Sie nun an Ihrem Rekorder die Taste ‹Schneller Vorlauf›. Sie werden erstaunt sein, wie eckig und ungehobelt Sie ‹schnell› gehen. Sie können beliebig weiterspielen, wenn Ihr Rekorder die Möglichkeit der Zeitlupenwiedergabe besitzt. Zeichnen Sie Ihr Gehen mit normaler Geschwindigkeit auf und geben es in Zeitlupe wieder. An Hand dieser Vorgabe versuchen Sie, das langsame Gehen zu imitieren, bis es Ihnen perfekt erscheint.

Sehen wir uns jetzt einmal eine TAI CHI-Technik an. Dazu müssen Sie wissen, daß TAI CHI ursprünglich ein Kampfsport gewesen ist, der sich erst im Laufe der Zeit im weitesten Sinn zu einem Gesundheitssystem entwickelt hat. Ich werde aber in dem Kapitel über die Kampfkünste zu diesem Punkt ausführlicher Stellung nehmen.
Damit Sie ein Gespür für die Technik und ihre Ausführung bekommen, ist es manchmal sinnvoll, daß Sie sich vorstellen können,

wie ein bestimmter Ablauf aussehen würde, wenn er schnell vorgetragen würde. Sie brauchen jetzt keine Angst zu haben, daß Sie zu einem Kämpfer ausgebildet werden. Sehen Sie das Ganze einfach als ein kleines Bewegungsspiel an.
Im Kampf ist es notwendig, daß die Techniken möglichst schnell ausgeführt werden, damit sie zum einen wirkungsvoll und zum anderen auch für den Gegner überraschend sind.
Um wegen der eingesetzten Kraft und dem daraus resultierenden Schwung nach Abschluß einer Technik nicht das Gleichgewicht zu verlieren, ist es wichtig, die Technik nicht bis zum letzten Punkt zu vollenden, sondern vorher, zum Zeitpunkt ihrer größten Wirkung, abzubrechen. Nehmen wir an, Sie wollen unter Berücksichtigung dieser Punkte mit der rechten Faust aus der rechten Hüfte heraus boxen.
Versuchen Sie sich so hinzustellen, daß Sie nach dem Boxen das Gleichgewicht halten und nicht einfach umfallen. Wenn Sie den linken Fuß nach vorne stellen und den rechten nach hinten, stehen Sie schon recht stabil und können gut das Gleichgewicht kontrollieren. Dabei sollten beide Knie leicht gebeugt und das Gewicht auf beiden Beinen gleichmäßig verteilt sein. Den linken Arm lassen Sie locker an der Seite hängen, rechter Unter- und Oberarm stehen im rechten Winkel zueinander, die rechte Hand ist zur Faust geschlossen, und die Knöchel zeigen nach vorn. Jetzt gibt es zwei Möglichkeiten:

1. Sie lassen Ihr Gewicht gleichmäßig auf beide Beine verteilt und die Stellung Ihrer Hüfte unverändert.
   Boxen Sie nun so schnell Sie können nach vorn, wobei Sie versuchen, den imaginären Gegner in den Bauch zu treffen. Strecken Sie den Arm nicht ganz aus, sondern bremsen Sie vorher ab, denn Sie wollen ja nicht nach vorne kippen. Wiederholen Sie den Stoß einige Male, um für die Qualität der Technik ein Gefühl zu bekommen.

Sie werden merken, es ist nicht nur sehr anstrengend, weil Sie sich verkrampfen, sondern Ihnen kommen auch Zweifel, ob Sie im Ernstfall damit einen Gegner zu Boden schicken könnten.

2. Nehmen Sie nochmals vollkommen entspannt Ihre Ausgangsstellung ein, und lassen Sie den rechten Arm im rechten Winkel locker. Drehen Sie die rechte Hüfte etwas nach hinten, ziehen Sie die Faust etwas mit und verlagern auch etwas das Gewicht nach hinten. Drehen Sie nun Ihre Hüfte schnell nach vorn und verlagern damit das Gewicht etwas auf den vorderen Fuß. Dabei lassen Sie, bedingt durch die Drehung, Ihre Faust nach vorne schnellen. Spannen Sie erst jetzt die Muskeln für einen Augenblick an. Entspannen Sie sich sofort wieder, und ziehen Sie den rechten Arm in die Ausgangsposition zurück. Das klappt besser, wenn Sie gleichzeitig auch wieder das Gewicht auf das rechte Bein verlagern. Wiederholen Sie auch diesen Vorgang einige Male.

Anhand der Beschreibung haben Sie sofort verstanden, daß eine optimale Bewegung entsteht, wenn das Boxen wegen der ständigen Drehung der Hüfte und der permanenten Gewichtsverlagerung ‹rund› ausgeführt wird.
Je öfter Sie versuchen, Ihre Vorstellung in die Tat umzusetzen, werden Sie feststellen, daß Sie immer langsamer werden, Sie gehen der Bewegung auf den Grund und beginnen, sie für sich neu zu entdecken.
Davon fasziniert, finden Sie Ihren Weg, und zwar den richtigen Weg, den Stand so zu sichern, die Bewegungen so zu koordinieren, das Gewicht im rechten Augenblick so zu verlagern, daß der gesamte Ablauf rund und harmonisch wird. Wenn Ihnen diese kleinen Beispiele Spaß gemacht haben, haben Sie einen ersten Eindruck von der Bewegungskunst TAI CHI! Wenn der eine oder andere Bewegungsversuch noch nicht richtig geklappt hat, nehmen Sie das nicht tragisch. In den nachfolgenden Kapiteln werden Sie immer wieder Gelegenheit finden, ähnliche Bewegungen auszuprobieren und sich noch zu verbessern.

Vorbereitungen

Unter Vorbereitungen können Sie im weitesten Sinn alles verstehen, was Sie in irgendeiner Form auf TAI CHI einstimmt. Dazu gehört in erster Linie, daß Sie die Übungszeiten als festen Bestandteil Ihrer Freizeit einplanen. Das ist leichter gesagt als getan, denn es wird immer wieder Tage geben, an denen Ihnen tausend Gründe einfallen werden, nicht zum Training zu gehen. Doch gerade anfangs ist es wichtig, daß Sie jede Möglichkeit zum Üben nutzen. Wenn Sie gleich zu Beginn Ihrer Bekanntschaft mit TAI CHI schon aus fadenscheinigen Gründen ein Training ausfallen lassen, verlieren Sie bald die Lust. TAI CHI ist eine Geliebte, um die Sie sich schon bemühen müssen. Wenn Sie sich einmal dazu entschlossen haben, TAI CHI zu machen, bleiben Sie hartnäckig. Nur in Ausnahmefällen sollten Sie auf eine Übungsstunde verzichten.

Auch der Weg zum Training gehört zu den Vorbereitungen. Bemühen Sie sich, hierfür genügend Zeit vorzusehen, damit Sie nicht abgehetzt oder zu spät zum Unterricht erscheinen. Wenn es Ihnen möglich ist, nehmen Sie sich etwas Zeit für die Begrüßung der anderen Gruppenmitglieder, und halten Sie ruhig hin und wieder mal ein kleines Schwätzchen mit ihnen.

Nicht zuletzt gehört das Wechseln der Kleidung zu den Vorbereitungen.

Je mehr Zeit Sie sich für diese vordergründig unwichtigen Dinge nehmen, desto mehr werden Sie von einem TAI CHI-Übungsabend haben, und desto früher wird sich ein Erfolg bei Ihnen einstellen.

Kleidung

Immer wieder hört man, daß für TAI CHI keine besondere Kleidung erforderlich sei, nur locker und bequem müsse sie sein. Wenn Sie sich andere ernst zu nehmende Sportarten ansehen, so werden Sie sicher keine finden, die auf ihre typische Kleidung verzichten mag. Das hat auch seinen guten Grund. Ich möchte den Einfluß einer besonderen Kleidung auf die Vorstellungskraft des Sportlers und des Zuschauers nicht überbewerten, aber auch nicht unterschätzen. Automatisch verbinden wir mit einer bestimmten Kleidung typische Bewegungsabläufe, und wir wären enttäuscht, wenn diese Erwartungen nicht bestätigt würden. Ein Kleidertausch zwischen zwei vollkommen gegensätzlichen Sportarten wie z. B. Karate und Tennis wäre einfach unvorstellbar.

Einen viel höheren Stellenwert aber messe ich der mit dem Kleidungswechsel verbundenen Symbolik und psychologischen Wirkung bei. Indem ich gleichsam in eine andere Haut schlüpfe, ändere ich auch unbewußt meine Einstellung für das Folgende. Meine persönliche Erwartungshaltung wird damit in bestimmte Bahnen gelenkt, und ich lasse auch keine anderen Eindrücke zu. Für die Dauer des Trainings bestimmt nur TAI CHI mein Denken und Handeln, belastende Probleme aus dem Alltag verlieren zunehmend an Bedeutung. Es ist deshalb nicht einzusehen, warum gerade TAI CHI als Kleidung den üblichen Jogginganzug wählen soll.

In vielen Gruppen werden inzwischen die typischen schwarzen Baumwollanzüge getragen, angeboten werden aber auch schon andere Farben. Schon etwas teurer, aber besonders angenehm zu tragen, sind Anzüge aus seidenähnlichen Stoffen oder gar Seide selbst, die zusätzlich die Geschmeidigkeit und das Fließen der Bewegungen unterstreichen. Oberstes Gebot sollte in jedem Fall sein, daß die Kleidung in Ihrer Gruppe einheitlich ist und sich eben vom Jogginganzug und Ihrer normalen Kleidung deutlich unterscheidet.

Als ich mit TAI CHI angefangen habe, kann ich mich noch sehr gut an die Zeit des Jogginganzugs erinnern. In dem Augenblick je-

doch, als ich den schwarzen TAI CHI-Anzug zum erstenmal trug, fühlte ich mich gleich ganz anders. Ich hatte den Eindruck, daß ich mich ab diesem Augenblick besonders bemühte, der neuen Kleidung gerecht zu werden. Meine Bewegungen wurden spürbar besser und typischer.
Das Tragen einer Fußbekleidung sollten Sie vom jeweiligen Untergrund abhängig machen. Vermeiden Sie zur Schonung Ihrer Kniegelenke auf jeden Fall einen zu weichen Untergrund. Bei Parkett- oder Teppichboden können Sie Kung Fu-Slipper oder gar dicke Wollsocken tragen. Wenn Sie im Freien trainieren, sind im Einzelfall sogar feste Turnschuhe notwendig. Machen Sie Ihre Entscheidung von den jeweiligen Umständen abhängig, und beachten Sie auf jeden Fall die hygienischen Notwendigkeiten. Ich persönlich ziehe es vor, wann immer es möglich ist, mit nackten Füßen zu trainieren.

Musik

Als zusätzliches Mittel der Vorbereitung und Entspannung kann man Musik einsetzen. Dabei sollte es sich grundsätzlich um Musik handeln, die nicht stört und nicht ablenkt. Ruhige, fast meditative Musik bietet sich hier an. Spätestens dann, wenn die unterschiedlichen Arten des TAI CHI-Gehens geübt werden, wird Musik als zusätzliche Hilfe gewünscht.
Dabei werden Sie eine erstaunliche Feststellung machen. Zunächst werden Sie versuchen, in der Melodie und im Rhythmus einen zusätzlichen Halt zu finden. Sie werden versuchen, sich im Takt zu bewegen, der häufig nur sehr schwer zu erkennen ist. Nach kurzer Zeit aber spüren Sie statt dessen den ‹langen Atem› dieser Musik und nehmen ihn in sich auf. Ruhe überkommt Sie, und Sie strahlen diese Ruhe aus, Ihre Bewegungen werden langsam, sanft, rund, fließend und ausgeglichen.
Wenn Sie sich ein wenig für Kampfkünste interessieren, so werden Sie vielleicht schon einmal davon gelesen oder sogar schon

einmal gesehen haben, daß vereinzelt Karate-Katas, dabei handelt es sich um eine Folge von genau festgelegten aneinandergereihten Kampftechniken, zu fetziger Rockmusik ‹getanzt› werden. Dabei werden alle diskoüblichen Beleuchtungs- und Vernebelungseffekte eingesetzt. Die Show, die sich dem Betrachter bietet, ist einfach überwältigend. Auf den ersten Blick scheinen die sehr unterschiedlichen Elemente, also westliche Musik und fernöstliche Kampftechniken, nicht vereinbar.
Aber schon nach kurzer Zeit wird der Zuschauer von dieser ungewöhnlichen Verfremdung gefangengenommen und empfindet den Vortrag als harmonisch und gelungen. Allein die Vorstellung, TAI CHI unter vergleichbaren Voraussetzungen zu präsentieren, wird für viele einer Gotteslästerung gleichkommen. Aber probieren Sie es zu Hause ruhig einmal aus. ‹Tanzen› Sie TAI CHI zu Softrock, und Sie werden ebenfalls den Reiz dieser ungewöhnlichen Symbiose aus Ost und West spüren. Sie glauben gar nicht, wieviel Spaß auch das machen kann, denn ich halte bei TAI CHI grundsätzlich alle Hilfsmittel für erlaubt, die der Entspannung dienen und dazu beitragen, die Freude an der Bewegung wieder zu entdecken.

Allgemeine Gymnastik

Bevor Sie üblicherweise mit irgendwelchen sportlichen Aktivitäten beginnen, werden Sie sich strecken und dehnen, Sie werden versuchen, die Muskeln zu lockern, die anschließend besonders gefordert werden sollen, mit einem Wort, Sie machen sich warm. Auch TAI CHI macht da eigentlich keine Ausnahme. Ich halte eine vernünftig gemischte Gymnastik für sinnvoll. So sollten insbesondere darin Übungen enthalten sein, die etwa vorhandene Verspannungen lösen und Muskeln und Sehnen schon etwas dehnen. Im Grunde genommen sollten Sie versuchen, dabei möglichst viele Körperbereiche anzusprechen. Der Unterschied zur herkömmlichen Gymnastik besteht bei vielen Übungen einfach nur darin, daß Sie versuchen müssen, alles bewußt und voll konzentriert zu machen. Auch sollten Sie, wenn Sie schon längere Zeit keinen Sport mehr ausgeübt haben, die eine oder andere Übung in keinem Fall übertreiben. Versuchen Sie lieber, ganz allmählich eine Steigerung zu erzielen. Dabei bleibt es Ihnen alleine überlassen, wenn Sie solche Übungen besonders oft und gerne wiederholen, die Sie gut beherrschen und bei denen Sie sich wohl fühlen. Es ist auch nicht weiter schlimm, wenn Sie die eine oder andere Übung nicht so gerne machen oder gar weglassen.

Achten Sie bei den Ausführungen aber auf den folgenden wichtigen Punkt: Wenn ich in einigen Übungen sage, daß Sie in einer bestimmten von Ihnen erreichten Position nachwippen sollen, so ist darunter in keinem Fall ein kraftvolles Nachwippen gemeint. Unter dem von mir gewünschten Wippen möchte ich in der bestimmten Stellung ein ganz *sanftes Wiederanstoßen* verstehen, das im Grunde genommen fast einem Halten der Position gleichkommt.

Einzelne Elemente der Gymnastik sollen aber auch schon auf die typische TAI CHI-Bewegung einstimmen. Dazu gehört auch, daß bestimmte Übungen zur Verdeutlichung abwechselnd schnell und langsam ausgeführt werden. Versuchen Sie, Ihre Empfindungen und Ihr Körpergefühl aus der Gymnastik zu bewahren und hinterher auf das eigentliche TAI CHI zu übertragen.
In einer Gruppe aber sollte jeder bei allen angebotenen Übungen so gut er kann mitmachen. Da die Gruppen altersmäßig sehr gemischt sind, sollten Sie sich unter keinen Umständen von der Gelenkigkeit anderer Teilnehmer beeindrucken lassen. Mit zunehmender Übung werden Sie feststellen, daß nur Sie selbst der Maßstab für Ihre Leistungsfähigkeit sind und daß Sie sichtbare Fortschritte erzielen, die Sie sich vorher selbst nicht zugetraut hätten. Bei den nachfolgenden Beispielen handelt es sich nur um eine Auswahl, die beliebig verändert und erweitert werden kann.
Die Gesamtheit der hier vorgestellten Einzelübungen ist also kein Muß. Verweilen Sie aber länger bei den zum Schluß vorgestellten Übungen, da diese schon sehr gezielt auf TAI CHI einstimmen.

Kopf kippen und kreisen

Stellen Sie Ihre Füße schulterbreit auseinander. Darunter ist zu verstehen, daß Sie Ihre Füße so positionieren müssen, daß Ihre Schultern gerade noch zwischen den Füßen Platz hätten. Diese spezielle Stellung taucht in allen TAI CHI-Formen immer wieder auf, kann aber schon mal bedeuten, daß die Außenkante der Füße mit den Schultern abschließen muß. Sie würden dann etwa 15 bis 20 cm enger stehen. Halten Sie den Kopf gerade, und lassen Sie Ihre Arme und Hände locker an der Seite nach unten hängen. Achten Sie darauf, daß auch Ihre Schultern ganz locker sind.
Drehen Sie den Kopf langsam von der Mitte zur linken Seite und zwar so weit, bis Sie in den Halsmuskeln eine Anspannung merken. Lösen Sie die Spannung, und wenden Sie den Kopf langsam zurück zur Mitte. Drehen Sie jetzt den Kopf langsam von der Mitte zur rechten Seite, bis Sie wieder die Anspannung in den Hals-

muskeln merken. Lösen Sie anschließend die Anspannung wieder auf, indem Sie den Kopf zur Mitte zurückdrehen. Drücken Sie nun Ihren Kopf langsam auf die Brust, bis der Nacken angespannt ist, und lösen Sie die Spannung, indem Sie den Kopf langsam wieder aufrichten. Legen Sie dann Ihren Kopf langsam weit zurück in den Nacken und bewegen ihn von dort langsam zurück zur Mitte. Wiederholen Sie diese Übung mehrmals.

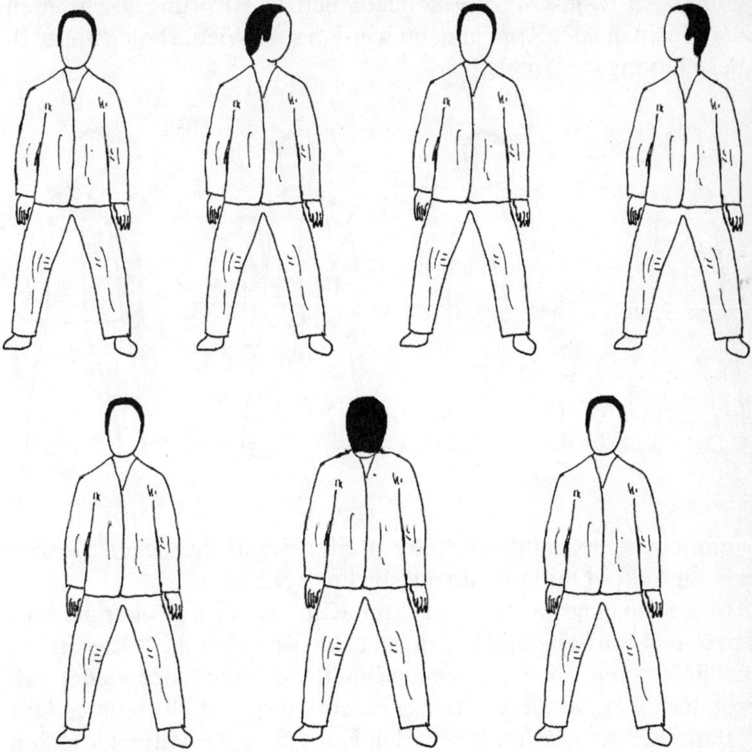

Nehmen Sie wieder den schulterbreiten Stand ein. Versuchen Sie, langsam Ihr linkes Ohr auf die linke Schulter zu legen, bis Sie wieder eine Spannung in den Halsmuskeln merken.
Achten Sie darauf, daß die Position der Schultern unverändert bleibt, die Schultern sollen also nicht etwa hochgezogen werden. Lösen Sie die Spannung, indem Sie den Kopf wieder langsam zur Mitte zurückführen. Versuchen Sie nun, langsam Ihr rechtes Ohr auf die rechte Schulter zu legen, bis Sie wieder die Spannung in den Halsmuskeln fühlen. Achten Sie wieder darauf, daß die Position der Schultern unverändert bleibt. Anschließend lösen Sie die Spannung, indem Sie langsam wieder den Kopf zur Mitte zurückführen.
Das Ohr auf die Schulter zu legen wird sicherlich keinem von uns gelingen. Mit diesem ‹Bild› soll lediglich die Richtung beschrieben werden, in die der Kopf geneigt werden soll. Wiederholen Sie auch diese Übung mehrmals.

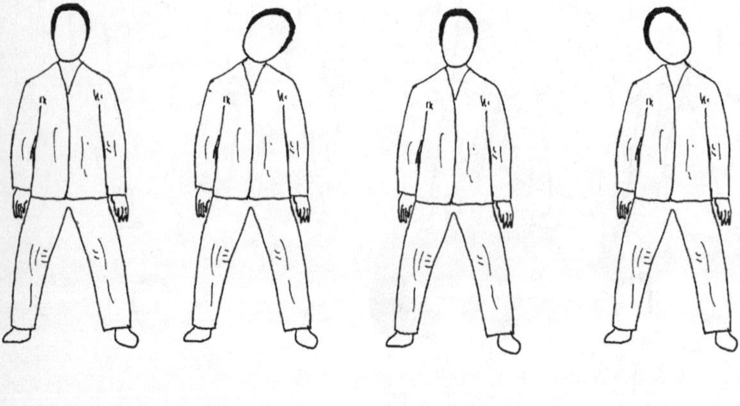

Nehmen Sie wieder den schulterbreiten Stand ein. Legen Sie wieder Ihr linkes Ohr langsam auf die linke Schulter.
Kreisen Sie langsam von dort Ihren Kopf nach vorne über die Mitte zur rechten Seite und von dort nach vorne über die Mitte zurück zur linken Seite. Richten Sie anschließend Ihren Kopf wieder auf. Wiederholen Sie diese Übung, indem Sie zuerst Ihr rechtes Ohr auf die rechte Schulter legen, den Kopf über die Mitte zur linken

Seite, wieder über die Mitte zurück zur rechten Seite bewegen und anschließend wieder aufrichten. Während der Rotation bleibt die Neigung des Kopfes unverändert erhalten, und die Hals- und Nackenmuskeln sind angespannt.
Wiederholen Sie auch diese Übung mehrmals.

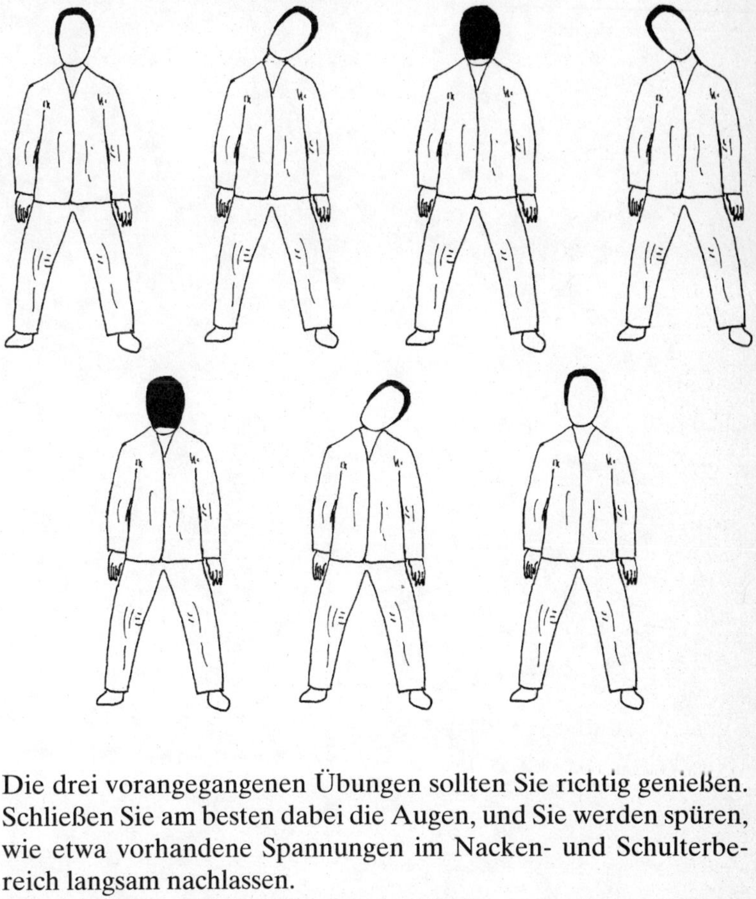

Die drei vorangegangenen Übungen sollten Sie richtig genießen. Schließen Sie am besten dabei die Augen, und Sie werden spüren, wie etwa vorhandene Spannungen im Nacken- und Schulterbereich langsam nachlassen.
Wieweit Sie jeweils den Kopf drehen und neigen können, müssen Sie selbst entscheiden. Sie alle kennen diesen etwas wohligen Schmerz, der trotzdem guttut. Diesen Punkt müssen Sie versuchen

genau abzupassen. Versuchen Sie außerdem, die Bewegungen nicht aktiv, sondern eher passiv, also ohne Willen und vollkommen kraftlos, auszuführen. Dabei haben Sie den Eindruck, daß nicht Sie, sondern jemand anders Ihnen den Kopf führt.

Schultern kreisen

Nehmen Sie wieder den schulterbreiten Stand ein, und legen Sie die Fingerspitzen auf Ihre Schultern. Kreisen Sie mehrmals die Ellbogen in möglichst großen Kreisen von hinten nach vorne. Dabei wählen Sie ein Ihnen angenehmes Tempo. Anfangs wird das wohl noch langsam und anstrengend sein, mit zunehmender Übung werden Sie jedoch immer schneller werden. Kreisen Sie anschließend die Ellbogen mehrmals von vorne nach hinten.

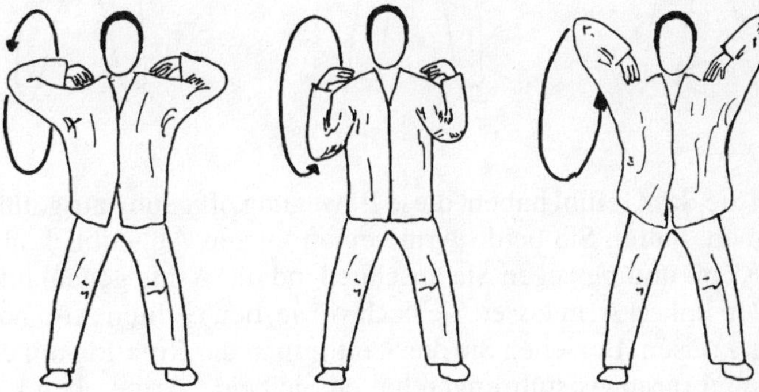

Lösen Sie die Hände von den Schultern, und kreisen Sie nun die Arme in einem großen Kreis mehrmals von vorne nach hinten und anschließend mehrmals von hinten nach vorne. Auch hier werden Ihre Bewegungen anfangs eher langsam sein und erst mit zunehmender Übung etwas schneller. Probieren Sie ruhig den Wechsel von schnell nach langsam und umgekehrt aus, damit Sie ein Gefühl für die unterschiedliche Qualität der Bewegung bekommen. Bei dieser Übung werden Sie feststellen, daß Ihre Hände ganz warm werden (siehe Abb. S. 30).

Wenn Sie das Gefühl haben, diese Bewegung oft genug ausgeführt zu haben, halten Sie beide Arme einen kurzen Augenblick über dem Kopf, und bewegen Sie anschließend die Arme gegenläufig, also den linken Arm lassen Sie nach vorne, den rechten Arm nach hinten kreisen. Beziehen Sie die Schultern in die Rotation mit ein. Nach mehreren Ausführungen halten Sie beide Arme oben kurz an und wechseln jetzt die Richtung, also der rechte Arm wird nach vorne und der linke Arm nach hinten geschwungen.

Wenn die bisherigen Übungen noch ohne große Schwierigkeiten nachvollzogen werden konnten, so zeigen sich hier immer wieder die ersten Probleme.
Es ist einfach verblüffend, wie viele Anfänger bei dieser Übung in ernsthafte Bedrängnis geraten. Entweder werden wieder beide Arme nach vorne oder beide Arme nach hinten bewegt, aber die Gegenläufigkeit kommt dabei nicht zustande. Das Umsetzen von Gehörtem und Gesehenem in die eigene Bewegung fällt offensichtlich sehr schwer. Wenn ich eingangs von der neuen Körpererfahrung gesprochen habe, so machen Sie spätestens hier Ihre erste Erfahrung damit. Lassen Sie sich nicht beirren, und versuchen Sie, die Arme ganz langsam wie in Zeitlupe zu bewegen. Verfolgen Sie

mit Ihrer Aufmerksamkeit beide Arme, und wiederholen Sie den Vorgang mehrmals, bevor Sie schneller werden. Meistens haben Sie mit diesem Vorgehen Erfolg. Sollten Sie trotzdem immer noch Schwierigkeiten haben, bitten Sie einen Partner, Ihnen die Arme langsam zu führen, damit Sie ein Gefühl für die unterschiedlichen Richtungen bekommen.

Wenn Sie anschließend die Arme in den verschiedenen Richtungen kreisen können, richten Sie zusätzlich Ihre Aufmerksamkeit auf Ihren Stand. Wenn Sie die Arme ganz schnell kreisen, müssen Sie immer stärker Ihre Beinmuskeln und Ihre Hüfte als zusätzliche Stabilisatoren einsetzen, wobei die Hüfte die gesamte Bewegung lenkt. Zusätzlich vermittelt Ihnen die schnelle Bewegung den Eindruck, daß Sie fest mit dem Boden verwurzelt sind. Wenn Sie nämlich während der schnellen Armbewegungen versuchen würden, einige Schritte nach vorne oder nach hinten zu gehen, würden Sie feststellen, daß Sie tatsächlich fast am Boden kleben und eine zusätzliche Bewegung fast unmöglich ist.

Arme zur Seite schwingen

Nehmen Sie wieder den schulterbreiten Stand ein, und lassen Sie die Arme locker an der Seite nach unten hängen. Achten Sie darauf, daß die Schultern nicht angespannt sind.
Lassen Sie nun Ihre Arme langsam hin- und herschlenkern, indem Sie sich seitlich in der Hüfte drehen, einmal nach links und dann wieder nach rechts. Ihr Oberkörper und Ihr Kopf sollen in diese Drehung mit einbezogen werden. Steuern Sie nicht bewußt die Bewegung der Arme, sondern richten Sie Ihre Aufmerksamkeit auf die Hüfte.

Überprüfen Sie dabei die nachfolgende Aussage auf ihre Richtigkeit: Wenn Sie sich zur linken Seite drehen, bewegt sich Ihr rechter Arm vor Ihrem Körper und der linke Arm hinter Ihrem Körper. Drehen Sie sich zur rechten Seite, bewegt sich Ihr linker Arm vor Ihrem Körper und der rechte Arm hinter Ihrem Körper.

Genießen Sie die Bewegung, und spüren Sie, wie locker und entspannt Sie sind. Beginnen Sie langsam das Tempo zu steigern, und beziehen Sie Ihren Oberkörper und Ihren Kopf verstärkt in die Rotation mit ein. Gehen Sie dabei ein klein wenig ins Knie, und steigern Sie immer mehr die Geschwindigkeit. Mit zunehmender Schnelligkeit stehen die Arme infolge der Fliehkraft immer weiter von Ihrem Rumpf ab. Lassen Sie Ihre Aufmerksamkeit weiter auf Ihre Hüfte gerichtet, und überprüfen Sie wieder die nachfolgende Aussage. Bei der Drehung nach links klatscht die rechte Hand auf den linken Oberarm und die linke Hand hinten auf Ihre rechte Hüfte, bei der Drehung nach rechts klatscht die linke Hand auf den rechten Oberarm und die rechte Hand hinten auf Ihre linke Hüfte. Die Ellbogen sind fast gestreckt, aber nicht durchgedrückt. Versuchen Sie, beide Füße fest auf dem Boden stehen zu lassen, und halten Sie die etwas gebeugten Knie immer nach vorne gerichtet. Werden Sie immer langsamer, und lassen Sie die Bewegung ausklingen.
Haben Sie dieses Armeschwingen richtig gemacht, werden Sie folgendes festgestellt haben: Je schwungvoller Sie die Hüfte gedreht haben, desto mehr mußten Sie auch mit der Hüfte ‹bremsen›, das heißt, bevor die Hände auf die oben bezeichneten Körperteile klatschen konnten, mußten Sie mit der Hüfte bereits die Gegenrichtung eingeleitet haben. Das Bremsen mit der Hüfte und das plötzliche ruckartige Einleiten der Gegenrichtung wurden von Ihnen automatisch gemacht, denn sonst hätten Sie sich um die eigene Achse gedreht. Zwangsläufig war damit auch eine Gewichtsverlagerung auf das andere Bein verbunden. Als Motor oder besser gesagt als Zentrum der gesamten Bewegung fungierte eindeutig die Hüfte. Schwingen Sie noch einmal die Arme, und überprüfen Sie die Aussagen auf ihre Richtigkeit.

Die Erkenntnis über die besondere Bedeutung der Hüfte und ihr Einsatz als Motor und Zentrum der gesamten Bewegung ist im TAI CHI besonders wichtig. Wenn Sie dieses Prinzip verstanden haben, sind Sie dem Geheimnis der typischen TAI CHI-Bewegung schon auf der Spur.
Erinnern Sie sich an die anfangs gemachten Ausführungen zur Bewegungskunst? Danach gehört die Analyse und das Bewußtmachen von Bewegungsabläufen zum wichtigen Bestandteil von TAI CHI.

Arme und Hände ausschütteln

Sollten Sie bei den vorangegangenen Übungen etwas außer Atem gekommen sein, so dienen die folgenden wieder der Beruhigung. Nehmen Sie wieder den schulterbreiten Stand ein, und schütteln Sie Ihre Arme und Hände gefühlvoll aus. Überprüfen Sie gedanklich die Muskeln in Ober- und Unterarmen, und verfolgen Sie das Schütteln bis in die Fingerspitzen hinein. Das Schütteln soll in keinem Fall zu heftig erfolgen.

Hüfte lockern und kreisen

Nehmen Sie wieder den schulterbreiten Stand ein, und stemmen Sie die Hände in die Hüfte.
Neigen Sie den Oberkörper zur linken Seite, ohne sich dabei nach vorne zu beugen. Richten Sie sich wieder auf, und neigen Sie sich zur rechten Seite. Richten Sie sich auf, und beugen Sie den Oberkörper so weit nach vorne, bis der Rumpf und die Beine fast im rechten Winkel zueinander stehen. Anschließend richten Sie sich wieder auf, und versuchen Sie, sich weit nach hinten zu neigen. Richten Sie sich anschließend wieder auf.
Wippen Sie in jeder Position vorsichtig einige Male nach.

Kreisen Sie anschließend das Becken einige Male erst links herum und dann rechts herum, und lassen Sie Ihre Hände unverändert auf den Hüften ruhen.

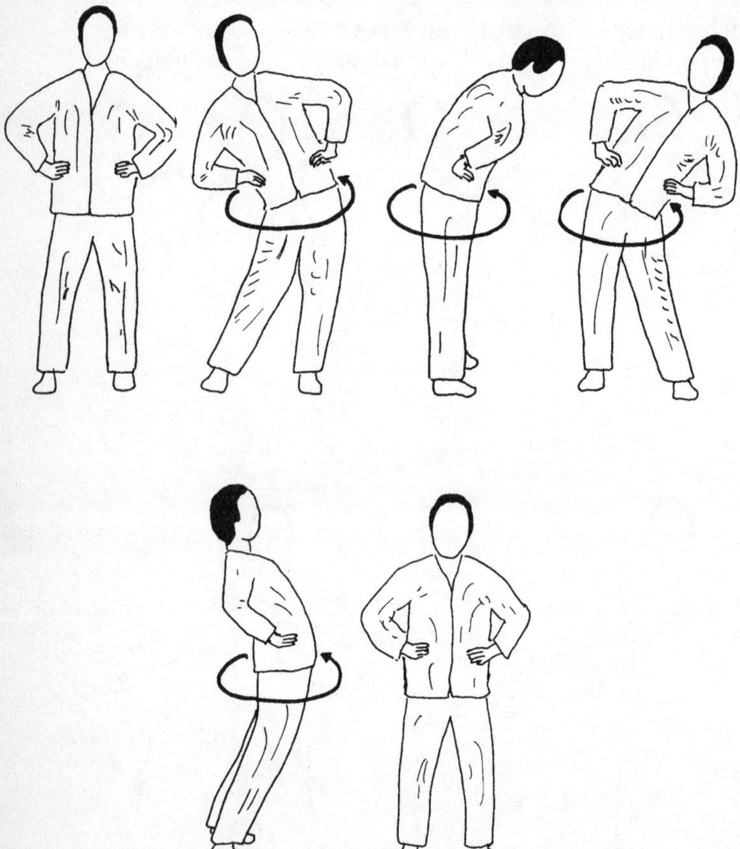

Knie kreisen

Stellen Sie sich anfangs wieder schulterbreit hin. Neigen Sie sich nach vorn, gehen Sie dabei ins Knie, und legen Sie Ihre Hände auf die Knie. Kreisen Sie die Knie zuerst mehrmals von außen nach innen und anschließend mehrmals von innen nach außen, dabei beschreiben Ihre Knie zwei gegenläufige Kreise. Unterstützen Sie die Rotation aktiv mit den Händen, also nicht nur die Hände lokker auflegen, sondern sie sollen der ganzen Bewegung auch zusätzlichen Halt geben.

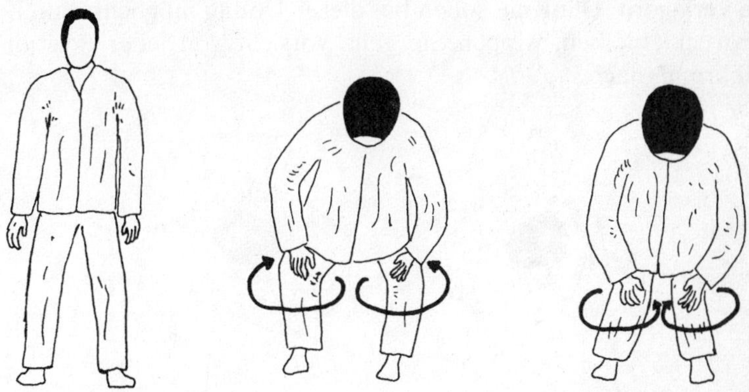

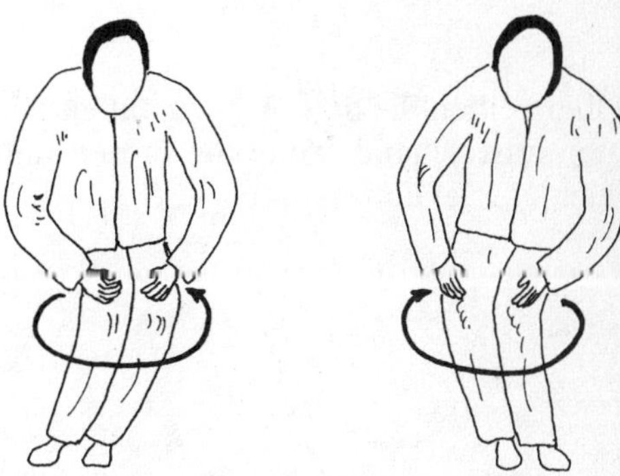

Stellen Sie anschließend die Füße zusammen. Fassen Sie wieder beide Knie und kreisen jetzt die Knie gemeinsam in einer Richtung zuerst links herum und dann rechts herum. Unterstützen Sie auch jetzt wieder die Rotation aktiv mit Ihren Händen. Je tiefer Sie bei dieser Übung stehen, Sie Ihre Knie also möglichst weit beugen, desto besser werden Ihnen auch die Kreise gelingen.

Oberkörper beugen und Beine strecken

Stellen Sie die Füße etwas weiter als schulterbreit auseinander, und achten Sie darauf, daß die Knie durchgedrückt sind. Beugen Sie sich zum linken Bein, und versuchen Sie, Ihren Bauch möglichst nah an den linken Oberschenkel zu bringen. Verlagern Sie auch das Gewicht mehr auf das linke Bein.
Beugen Sie sich anschließend zum rechten Bein, indem Sie wieder versuchen, den Bauch möglichst nah an den rechten Oberschenkel zu bringen und auch wieder das Gewicht mehr auf das rechte Bein zu verlagern. Die Knie sollen bei dieser Übung möglichst durchgedrückt bleiben, wippen Sie ganz vorsichtig in jeder Position mehrmals nach.

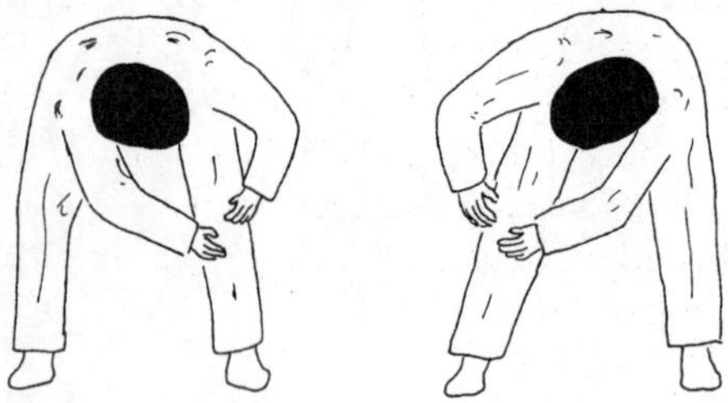

Übertreiben Sie diese Übung auf gar keinen Fall. Es ist vollkommen ausreichend, wenn Sie in den hinteren Oberschenkeln ein leichtes Ziehen verspüren.

Linken Fuß heben, rechten Fuß heben

Nehmen Sie wieder den schulterbreiten Stand ein, und beugen Sie etwas mehr als normal die Knie. Achten Sie darauf, daß die Arme locker an der Seite nach unten hängen und daß der Rücken gerade ist.
Verlagern Sie langsam das Gewicht ganz auf den rechten Fuß, und drehen Sie ebenso langsam die Hüfte zusammen mit dem Oberkörper, den Schultern und dem Kopf als eine Einheit zur linken Seite. Dabei stellen Sie die Zehen des linken Fußes hoch und drehen den Fuß auf der Ferse mit. Die Position des rechten Fußes bleibt unverändert.
Am Ende der Drehung stehen der rechte Fuß und Ihr übriger Körper fast rechtwinklig zueinander. Sie haben das Gefühl, auf einem Stuhl zu sitzen. ‹Setzen› Sie sich ganz bequem hin, indem Sie versuchen, noch etwas mehr das Knie zu beugen. Versuchen Sie, langsam den linken Fuß zu heben. Dabei vermeiden Sie, sich weder nach vorn zu beugen, noch sich nach hinten zu lehnen. Ihre gesamte Körperhaltung bleibt unverändert. Das gelingt desto besser, je tiefer Sie das rechte Knie gebeugt haben. Konzentrieren Sie sich ganz auf Ihren Unterbauch als Zentrum des Schwerpunktes und der Bewegung.

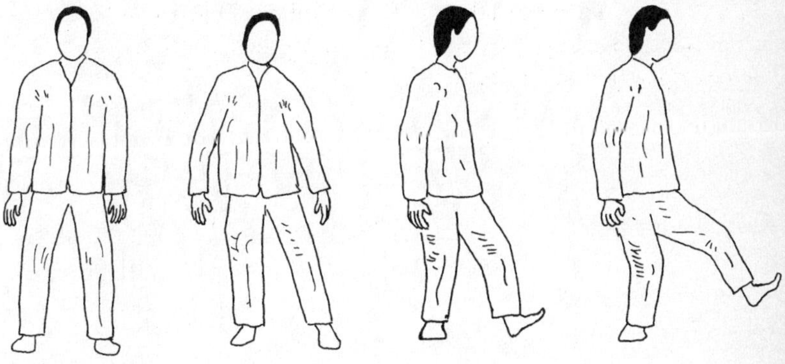

Setzen Sie den linken Fuß auf der Ferse ab. Drehen Sie sich langsam zur Mitte zurück, indem Sie das Gewicht wieder gleichmäßig auf beide Beine verlagern, und drehen Sie den linken Fuß wieder gerade. Verlagern Sie jetzt langsam das Gewicht ganz auf den linken Fuß, und drehen Sie langsam die Hüfte zusammen mit dem Oberkörper, den Schultern und dem Kopf als eine Einheit zur rechten Seite. Setzen Sie sich wieder auf den imaginären Stuhl jetzt über Ihrem linken Fuß, und versuchen Sie, langsam den rechten Fuß zu heben.

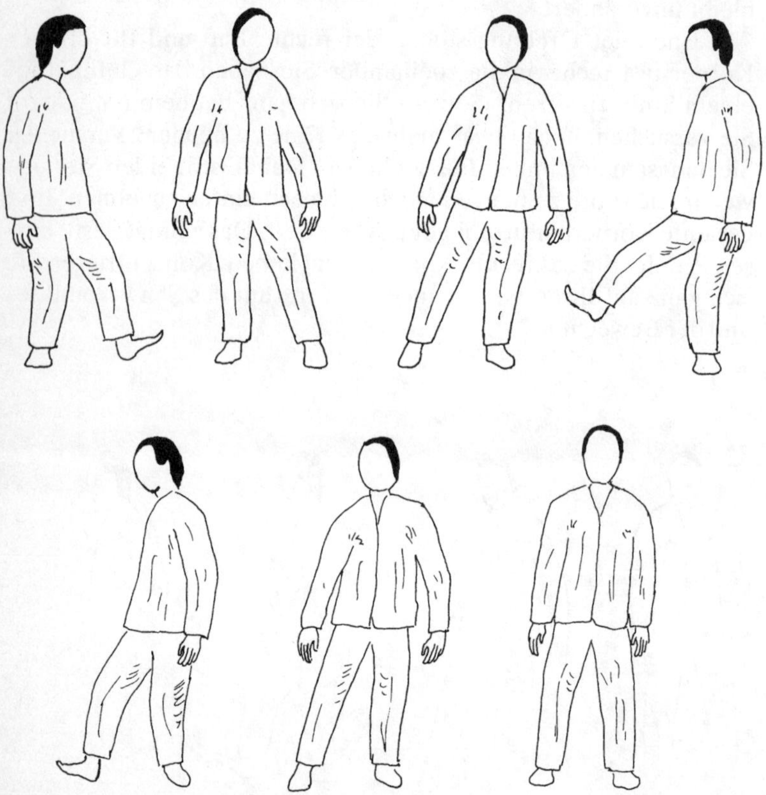

Setzen Sie den rechten Fuß wieder auf der Ferse ab. Drehen Sie sich langsam zur Mitte zurück, verlagern Sie das Gewicht wieder gleichmäßig auf beide Beine, und drehen Sie den rechten Fuß gerade.
Wiederholen Sie mehrmals diesen Vorgang, und lockern Sie anschließend etwas die Beinmuskulatur, indem Sie die Beine ausschütteln.

Wichtig ist, daß Sie bei dieser Übung Ihren Oberkörper einschließlich der Schultern und des Kopfes als eine Einheit bewegen. Diese Art der Bewegung ist beim TAI CHI von grundsätzlicher Bedeutung. Anfänger neigen oft dazu, diese Einheit des Körpers nicht zu beachten. Wenn nämlich der Kopf und die Schultern in unterschiedlichen Richtungen gehalten werden, verliert die Hüfte sofort ihre zentrale Bedeutung und damit einen großen Teil ihrer Kraft als Motor für die gesamte Bewegung. Bei späteren Übungen werde ich auf diese Besonderheit noch näher eingehen.
Eine andere wichtige Erfahrung ist, daß Sie durch das Heben des Fußes zwar Ihr Gleichgewicht verändert haben, aber trotzdem die Balance halten konnten.

Ein Bein strecken, das andere Bein beugen

Stellen Sie sich breitbeinig hin, und halten Sie dabei Ihre Zehen schräg nach außen gerichtet. Anfangs ist das Gewicht noch auf beiden Beinen gleichmäßig verteilt.
Verlagern Sie langsam das Gewicht ganz auf den rechten Fuß, und beugen Sie so weit das rechte Knie, bis der rechte Ober- und Unterschenkel fast im rechten Winkel zueinander stehen. Stützen Sie sich dabei mit der rechten Hand oder dem rechten Ellbogen auf dem rechten Knie ab, die linke Hand liegt auf dem linken Knie. Achten Sie darauf, daß die Ferse des rechten Fußes nicht angehoben wird und auch der linke Fuß mit dem Boden noch Kontakt hat. Versuchen Sie, die Muskeln und Sehnen des linken Beines etwas zu dehnen, indem Sie das linke Knie vorsichtig nach unten drücken. Versuchen Sie, in dieser Stellung einige Sekunden auszuharren.

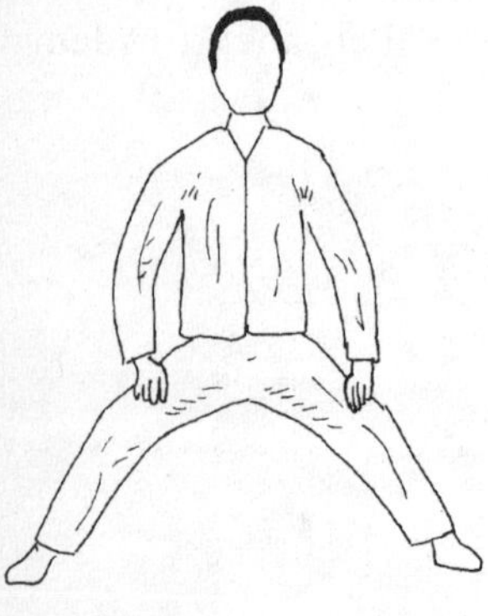

Drehen Sie den linken Fuß auf die Ferse, so daß die Zehen und das Knie nach oben zeigen. Vielleicht können Sie das rechte Knie jetzt noch besser beugen. Versuchen Sie, auch diese Stellung einige Sekunden beizubehalten. Unterstützen und festigen Sie Ihren Stand weiterhin dadurch, daß Sie sich mit dem rechten Ellbogen oder der rechten Hand auf dem rechten Oberschenkel abstützen und mit der linken Hand auf dem linken Knie.

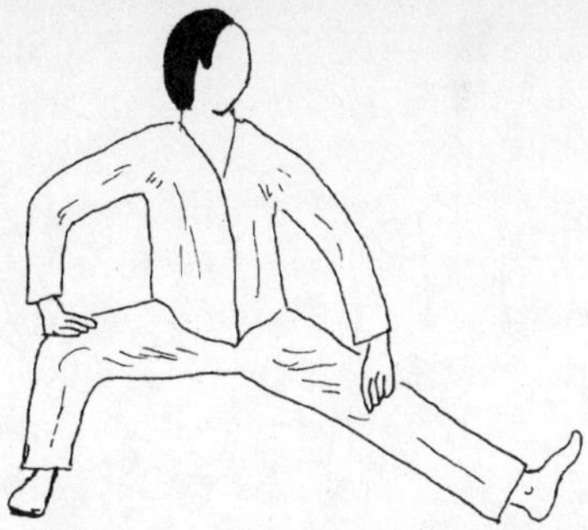

Drehen Sie sich nun ganz nach rechts, und berühren Sie mit dem linken Knie leicht den Boden. Heben Sie dabei die linke Ferse an, vermeiden Sie aber in jedem Fall, das linke Knie fest auf dem Boden abzusetzen. Lassen Sie die Position des rechten Fußes unverändert, der linke Fuß steht lediglich auf den umgeknickten Zehen. Halten Sie den Rücken gerade, und legen Sie beide Hände auf das rechte Knie. Verharren Sie auch in dieser Stellung einige Sekunden.

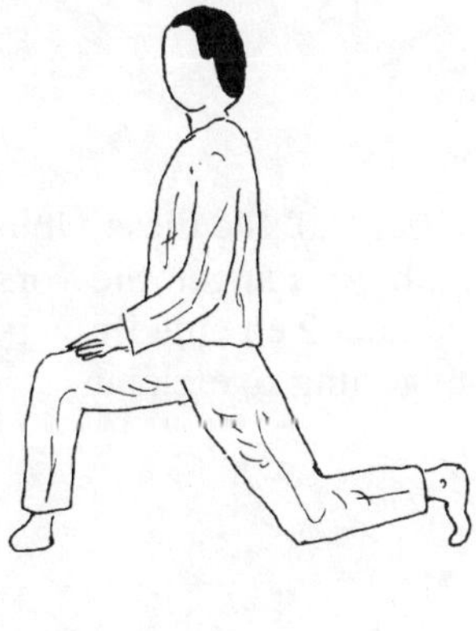

Nehmen Sie wieder die Ausgangsposition ein, und wiederholen Sie diese Übung, indem Sie das Gewicht ganz auf den linken Fuß verlagern und das linke Knie beugen.

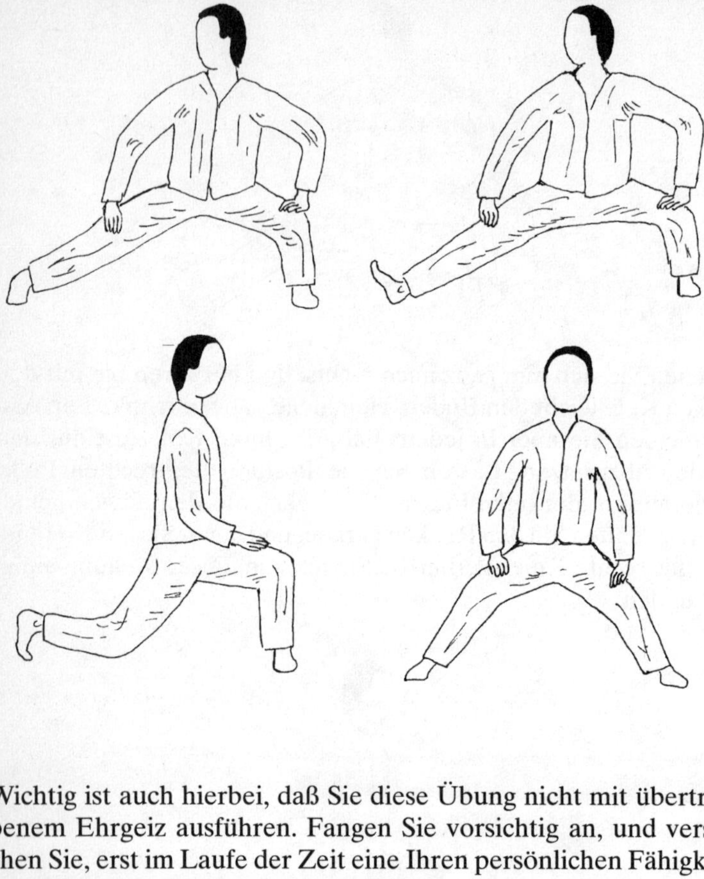

Wichtig ist auch hierbei, daß Sie diese Übung nicht mit übertriebenem Ehrgeiz ausführen. Fangen Sie vorsichtig an, und versuchen Sie, erst im Laufe der Zeit eine Ihren persönlichen Fähigkeiten angemessene Steigerung zu erzielen.

Füße und Zehen kreisen

Bleiben Sie auf dem Boden sitzen, und führen Sie zunächst beide Beine zusammen. Fassen Sie mit beiden Händen Ihren linken Fuß und legen ihn auf den rechten Oberschenkel.

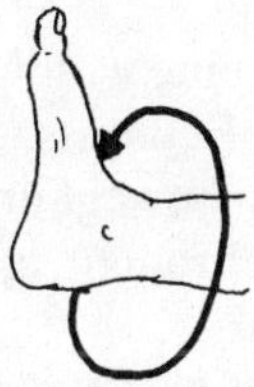

Umfassen Sie mit der linken Hand Ihren linken Unterschenkel etwas oberhalb des Knöchels, und mit der rechten Hand umfassen Sie alle Zehen des linken Fußes. Kreisen Sie nun mit der rechten Hand Ihren linken Fuß links herum und anschließend rechts herum. Wichtig dabei ist, daß Sie das Fußgelenk ganz locker und entspannt lassen und nur die rechte Hand bei dieser Rotation aktiv ist. Die linke Hand gibt dem rechten Fuß lediglich zusätzlichen Halt.
Wechseln Sie nach Belieben zwischendurch die Richtung, bis Sie das Gefühl haben, keine Ecke Ihres Knöchels bei der Drehung vergessen zu haben.

Versuchen Sie nun mehrmals, mit der rechten Hand alle Zehen zuerst nach oben und dann nach unten zu biegen. Ihre linke Hand sorgt immer noch für den stabilen Halt Ihres Fußes.

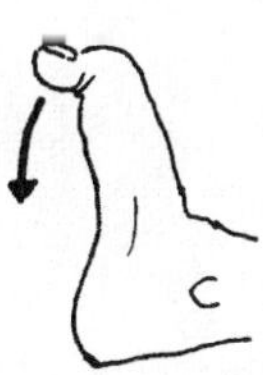

Fassen Sie anschließend mit dem rechten Daumen und Zeigefinger den großen Zeh des linken Fußes, und kreisen Sie den Zeh erst links und anschließend rechts herum. Wechseln Sie auch hierbei zwischendurch nach Belieben die Richtung. Die linke Hand hält weiterhin den Fuß in seiner Position fest. Wichtig ist, daß bei dieser Rotation der rechte Daumen und Zeigefinger aktiv sind und die einzelnen Zehen ganz locker gehalten werden.

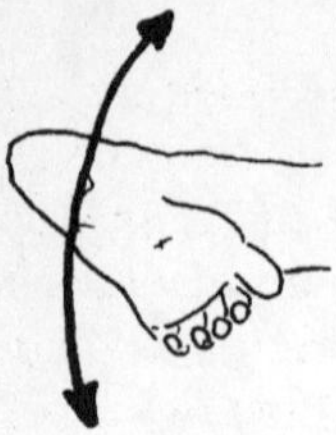

Wenn Sie alle Zehen gedreht haben, fassen Sie mit beiden Händen den Unterschenkel oberhalb des linken Knöchels, und schütteln Sie, indem Sie das Fußgelenk bewußt locker und entspannt lassen, mehrmals den Fuß nach oben und nach unten.
Legen Sie mit beiden Händen das linke Bein neben das rechte und wiederholen die ganze Übung, indem Sie jetzt den rechten Fuß auf den linken Oberschenkel legen.

Schon nach kurzer Zeit werden Sie merken, daß sich eine wohlige Wärme in Ihren Füßen ausbreitet. Mit dieser sanften Fußmassage haben Sie höchstwahrscheinlich Sehnen und Muskeln bewegt und wieder angeregt, die Sie seit Jahren nicht mehr gebraucht, geschweige denn, bewußt genutzt haben.
Beim TAI CHI sorgen aber gerade die Füße für den kraftvollen und sicheren Stand in allen Positionen. Ihre Muskeln und Sehnen werden unbewußt in feinem Zusammenspiel mit den Muskeln und Sehnen der Unterschenkel für die Beibehaltung des Gleichgewichts eingesetzt. Deshalb wird von den Füßen auch eine verstärkte Sensibilität erwartet, denn sie müssen den Kontakt mit dem Boden bewußt wahrnehmen und auf jede erdenkliche unterschiedliche Beschaffenheit des Bodens sofort reagieren.

Oberschenkel dehnen

Setzen Sie sich mit ausgestreckten Beinen auf den Boden. Ziehen Sie die Beine an, und beugen Sie die Knie dabei zur Seite, so daß Sie die Fußsohlen zusammenführen können. Fassen Sie mit beiden Händen ihre Zehen, und ziehen Sie die Füße an den Körper heran. Versuchen Sie, die Füße bis zum Schritt heranzuziehen. Öffnen Sie die Schenkel, und wippen Sie vorsichtig mit den Knien mehrmals zur Seite.

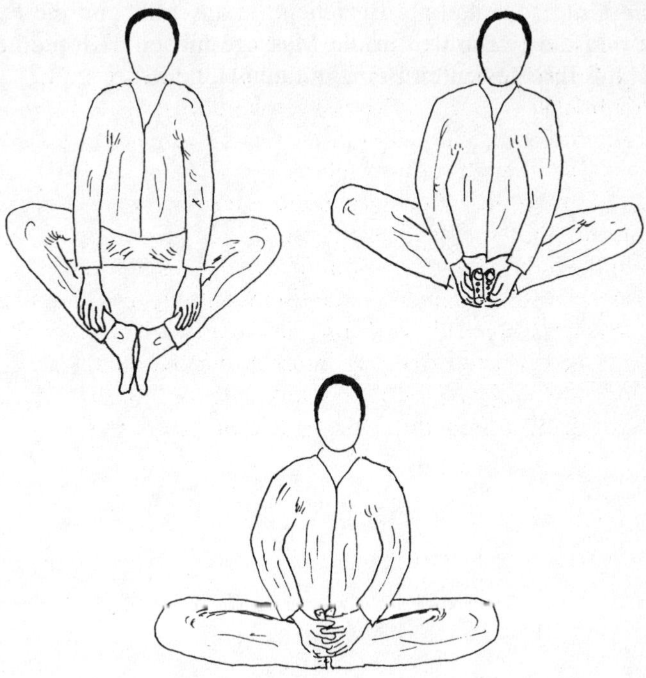

Lassen Sie sich anfangs nicht dadurch entmutigen, daß Ihre Knie störrisch in die Höhe ragen, mit zunehmender Übung werden Sie auch hier immer besser werden.

Beinmuskulatur lockern

Setzen Sie sich mit ausgestreckten Beinen auf den Boden. Die Knie sind nicht durchgedrückt, sondern ein klein wenig zur Seite geneigt. Lockern Sie Ihre Oberschenkel, indem Sie mit beiden Händen die Muskeln hin- und herschwabbeln. Reiben Sie danach Ihre Schenkel innen und außen mit den Händen ab. Setzen Sie diese sanfte Massage fort, indem Sie auch die Knie reiben. Stellen Sie jetzt Ihre Beine etwas auf und schwabbeln mit den Händen die Muskulatur der Unterschenkel hin und her. Reiben Sie danach auch die Unterschenkel ab. Beziehen Sie anschließend die Fußrücken und die Fußsohlen in die Massage mit ein. Klopfen Sie zum Schluß Ihre gesamten Beine mit den Händen ab.

Rücken entspannen

Setzen Sie sich mit angezogenen Knien auf den Boden, und umfassen Sie mit beiden Armen Ihre Knie. Drücken Sie Ihren Kopf möglichst nah an die Knie, und machen Sie den Rücken rund. Je runder der Rücken ist, desto besser können Sie darauf rollen. Kippen Sie nach hinten um, und rollen Sie auf Ihrer Wirbelsäule bis zum Nacken nach hinten.

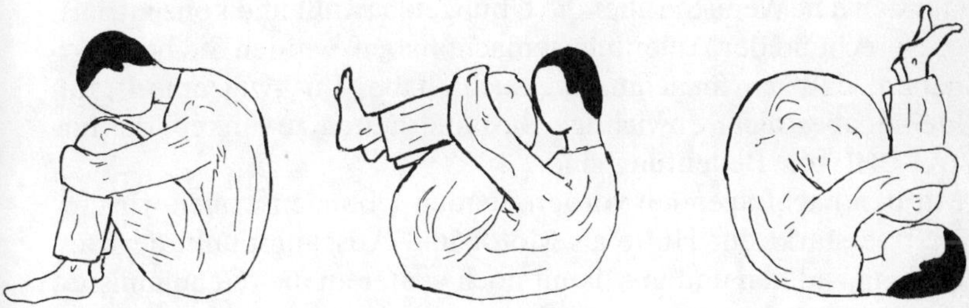

Holen Sie mit dem Po etwas Schwung, und rollen Sie wieder nach vorn in die Ausgangsposition zurück. Wiederholen Sie diesen Vorgang, sooft er Ihnen Spaß macht. Auf diese Weise massieren Sie sanft Ihre gesamte Wirbelsäule, und je öfter Sie hin und her wippen, desto eher verspüren Sie die wohltuende Wirkung dieser Übung.

Sollten Sie anfangs etwas Angst haben, sich einfach nach hinten kippen zu lassen, legen Sie sich einfach flach auf den Rücken. Ziehen Sie die Beine und den Kopf an, und umfassen Sie mit den Armen Ihre Beine. Machen Sie den Rücken rund, und wippen Sie nun, wie ein Schaukelpferd, auf der Wirbelsäule hin und her.

Spezielle TAI CHI-Gymnastik

Wenn Sie bis jetzt alle angebotenen Übungen mitgemacht haben, werden Sie sich darin bestätigt sehen, daß tatsächlich bei vielen Übungen der gymnastische Charakter mehr im Vordergrund gestanden hat. Wenn Sie aber die Übungen bewußt und konzentriert entsprechend der Anleitung gemacht haben, werden Sie bemerkt haben, daß ich manchmal versucht habe, Ihr Augenmerk auf kleine, aber nicht unwichtige Besonderheiten zu lenken, die für TAI CHI von Bedeutung sind.
Mit den nachfolgenden vorbereitenden Übungen wollen wir uns jetzt verstärkt der Hüfte als Motor und Ausgangspunkt der Bewegung widmen und uns damit noch weiter an die ‹Geheimnisse› von TAI CHI herantasten. Dabei werden Sie feststellen, daß die Beschreibung von Abläufen immer schwieriger wird, weil einfach immer mehr zu beachten ist. Damit Sie TAI CHI nicht nur als trockene Theorie empfinden, werde ich verstärkt in die Beschreibungen ‹Bilder› einfließen lassen, die Ihre Phantasie beflügeln und Ihnen die Abläufe noch verständlicher machen sollen.

Rumpf nach links und nach rechts drehen

Stellen Sie Ihre Füße parallel und schulterbreit auseinander, die Knie sind leicht gebeugt. Winkeln Sie beide Arme an, schließen Sie die Hände zur Faust, und legen Sie diese, mit den Handknöcheln nach unten, rechts und links an die Hüfte.
Drehen Sie nun langsam Ihren Rumpf in der Längsachse nach links. Öffnen Sie dabei langsam die rechte Faust, und schieben Sie die geöffnete Hand nach vorne, bis sie sich etwa in Schulterhöhe befindet. Dabei zeigen die Fingerspitzen nach oben. Strecken Sie den rechten Arm aber nicht ganz aus, das Ellbogengelenk muß immer noch etwas gebeugt bleiben. Die linken Schulter und der Kopf werden weit nach links hinten gedreht, die linke Faust bleibt während der Drehung an der linken Hüfte, und die rechte Schulter wird weit nach vorne geschoben.

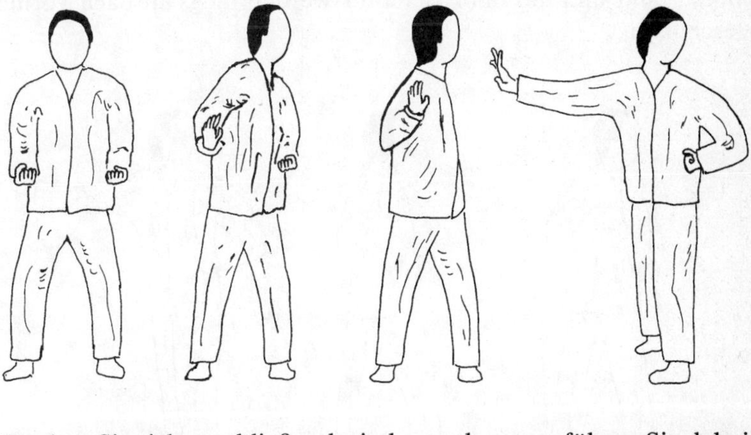

Drehen Sie sich anschließend wieder nach vorne, führen Sie dabei die rechte Hand als Faust wieder zur rechten Hüfte in die Ausgangsstellung zurück, und beide Schultern nehmen wieder ihre Ausgangsposition ein.

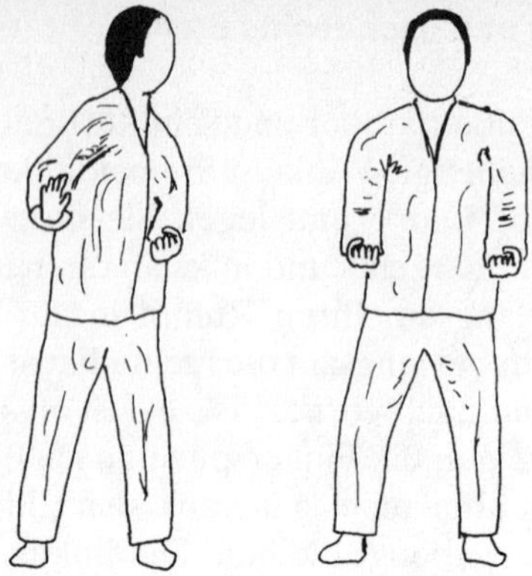

Drehen Sie anschließend den Rumpf zur rechten Seite, indem Sie auch den Kopf und die Schulter weit zur rechten Seite drehen. Die linke Hand und die linke Schulter werden langsam nach vorne geschoben.

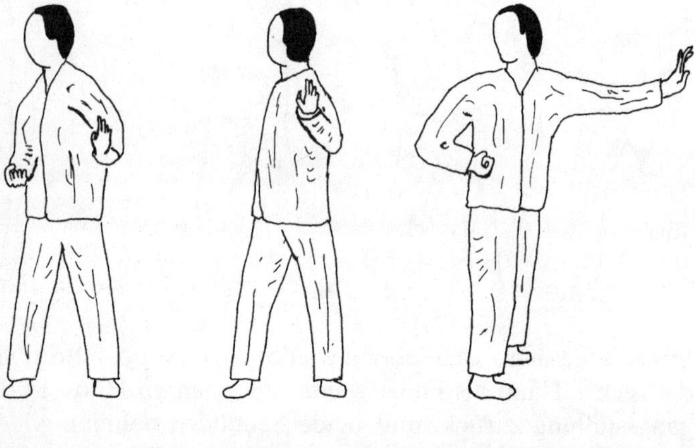

Drehen Sie sich wieder nach vorne, und führen Sie die linke Hand als Faust wieder zur linken Hüfte zurück. Beide Schultern nehmen wieder ihre Ausgangsposition ein.
Wiederholen Sie diese Übung mehrmals.

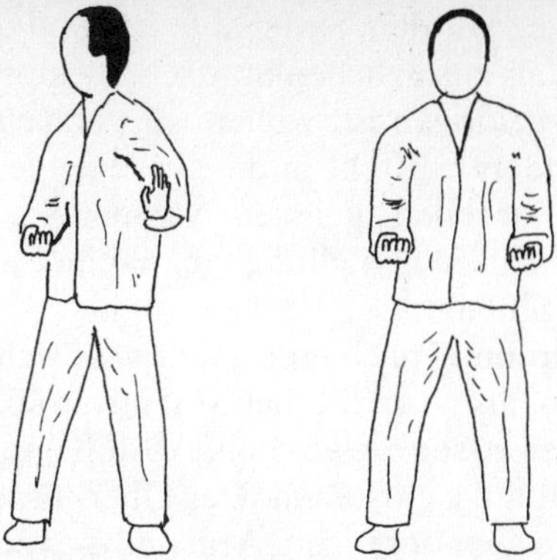

Bevor wir diese Übung um eine zusätzliche Variante verfeinern wollen, lassen Sie mich zur Verdeutlichung ein Bild anführen, das Ihre Phantasie etwas beflügeln wird:
Sicher haben Sie schon einmal einen Reiter im Fernsehen gesehen, der vor oder nach einem Turnier langsam über den Parcours trabt. Pferd und Reiter wirken zwar aufmerksam und konzentriert, machen auf der anderen Seite auf den Betrachter aber auch einen entspannten Eindruck. Wenn Sie die beiden beobachten, werden Sie sehen, daß bei jedem zweiten Schritt des Pferdes sich der Reiter von seinem Sattel abhebt, um danach sofort wieder ‹zurückzuplumpsen›. Kaum hat er den Sattel berührt, wird er auch schon wieder nach oben ‹katapultiert›. Die Auf- und Abbewegung des Pferderückens, verursacht durch den leichten Trab des Tieres, und das Auf- und Niedersetzen des Reiters sind zwei gegeneinander laufende Bewegungen, die aber sehr fein und äußerst harmonisch aufeinander abgestimmt sind. Der Reiter trifft dabei plötzlich auf die Bewegung des Pferderückens, scheint für einen kurzen Augenblick mit ihm verschmelzen zu wollen und läßt sofort eine eigene Bewegung entstehen. Genau diesen kleinen Augenblick, in dem die beiden Kräfte zusammentreffen und sich sofort wieder trennen, gilt es zunächst gedanklich nachzuvollziehen und als Bild zu ‹speichern›:
Schließen Sie dabei ruhig die Augen, und stellen Sie sich als Reiter

vor, der sich ständig aus dem Sattel abfedert und dabei die Bewegung des Pferdes als zusätzlichen Startschuß empfindet.
Wenn Ihnen das gelungen ist, wollen wir versuchen, dieses Bild und diesen besonderen Effekt in die vorliegende Übung bei der Ausführung mit einfließen zu lassen. Nehmen Sie anfangs wieder die beschriebene Ausgangsstellung ein, halten Sie aber die Knie jetzt etwas mehr gebeugt.
Zu Beginn der Drehung nach links federn Sie sich bewußt in den Knien ab, etwa so, als wenn Sie sich von etwas abstoßen würden. Atmen Sie ein, und lassen Sie aus dem Abstoß und dem Einatmen die Drehung nach links entstehen. Der Oberkörper, beide Schultern, insbesondere aber der rechte Arm und die rechte Hand übernehmen passiv die Drehung. Dabei richten Sie sich langsam etwas auf, drücken Sie aber auf keinen Fall die Knie ganz durch. Lassen Sie sich bis zum Ende dieser Drehung, die rechte Hand ist vorne, wieder sanft in den etwas tieferen Stand zurücksinken. Atmen Sie aus, übernehmen Sie wieder dieses Abstoßen mit dem ganzen Körper, und lassen Sie daraus wieder die Drehung zurück in die Ausgangsposition entstehen. Dabei richten Sie sich langsam wieder etwas auf, die Knie aber nicht durchdrücken, und lassen Sie sich bis zum Ende der Bewegung, beide Fäuste sind an den Hüften, wieder sanft in den etwas tieferen Stand zurücksinken. Wiederholen Sie diese Übung, indem Sie den Oberkörper nach rechts drehen. Anfangs können Sie das Abfedern bzw. Abstoßen und die daraus resultierende Drehung des Oberkörpers auch üben, ohne die Arme in die Bewegung mit einzubeziehen. Denken Sie dabei an den Reiter, wie er sich in seinem Sattel auf- und abbewegt, und rufen Sie sich Ihr Bild aus der Erinnerung zurück. Wenn es Ihnen hilft, schließen Sie ruhig wieder die Augen.
Sobald Sie sich einigermaßen sicher fühlen, beziehen Sie auch die Armbewegung in den gesamten Ablauf mit ein. Versuchen Sie, sowohl für die Drehung in der Hüfte als auch für die Armbewegung keinerlei Kraft aufzuwenden. Ihre einzige ‹Kraftanstrengung› ist das Abstoßen. Wenn Sie anfangs dieses Abstoßen übertreiben, so ist das überhaupt nicht schlimm.
Im Laufe der Zeit werden Sie von ganz allein immer mehr auf diese Übertreibung verzichten können. Für das Anwerfen des

‹Motors› reicht dann das Ein- und Ausatmen vollkommen aus. Von einem Zuschauer, insbesondere aber von Ihnen selbst wird die dann ausgeführte Übung als kraftvoll, harmonisch und entspannend empfunden, und eine Kraftanstrengung ist nicht mehr erkennbar. Zu sehen und zu spüren ist nur noch Ihre ‹innere› Kraft.

In der Luft schwimmen

Der Name dieser Übung beinhaltet schon eine treffende Bezeichnung für TAI CHI, die man sehr oft lesen kann, denn TAI CHI wird vielfach mit einem ‹Schwimmen in der Luft› verglichen. Dem Schwimmer und dem TAI CHI-Ausübenden ist gemeinsam, daß sie vollständig von Elementen, also Wasser oder Luft, umgeben sind, in denen sie sich mehr oder weniger nach vorgegebenen Mustern bewegen müssen.
Wasser und Luft ist gemeinsam, daß sie nicht mit der Hand festgehalten werden können und daß sie sich ständig ihrer wechselnden Umgebung anpassen. Gehen die Akteure und die Elemente sanft und harmonisch miteinander um, so kommt es zu keinen Konflikten. Wird diese Vorsicht außer acht gelassen, kann der Zusammenstoß zum Teil recht schmerzhaft sein. Schlagen Sie z. B. mit der flachen Hand kraftvoll und schnell auf eine Wasseroberfläche, werden Sie das Wasser als harten Gegenstand empfinden, und die plötzliche Berührung tut sehr weh. Blasen Sie heftig eine Kerze aus, prallt die Luft mit hoher Geschwindigkeit wie ein harter Gegenstand auf die Flamme und läßt sie erlöschen. Wenn Sie einmal einen älteren Menschen beim Schwimmen beobachtet haben, wird Ihnen aufgefallen sein, daß er sich mit möglichst geringem Kraftaufwand, also recht sparsamen Bewegungen, im Wasser bewegt, um sich auf der einen Seite vorwärts zu bewegen und andererseits nicht unterzugehen. Indem er sich so und nicht anders verhält, erzielt er für sich den größten Nutzen, denn diese Art des Schwimmens bedeutet für ihn weder Streß noch eine außergewöhnliche körperliche Belastung. Er wird anschließend wohltuend erfrischt und entspannt sein. Auf TAI CHI können Sie das gleiche Bild gedanklich übertragen, denn auch hier sollen Sie sich mit möglichst wenig Kraft in der Luft bewegen, um aus dieser Bewegung für Sie den größten Nutzen zu ziehen. Lassen Sie uns die Bewegung erst wieder ‹normal› und anschließend ‹verfeinert› versuchen.

Stellen Sie Ihre Füße parallel und schulterbreit auseinander, und imitieren Sie mit Ihren Händen das Brustschwimmen. Bringen Sie

dazu Ihre Hände etwas in Kopfhöhe mit den Handflächen nach außen, die Ellbogen sind nicht ganz gestreckt.
Beschreiben Sie mit den Armen und Händen einen großen Bogen nach außen, etwa so, als wenn Sie tatsächlich im Wasser wären und schwimmen wollten. Wenn sich Ihre Hände in Hüfthöhe befinden, drehen Sie die Handflächen nach oben und führen die Hände, die Handflächen werden dabei langsam nach innen gedreht, bis in Brusthöhe. Von hier wiederholt sich der Vorgang.

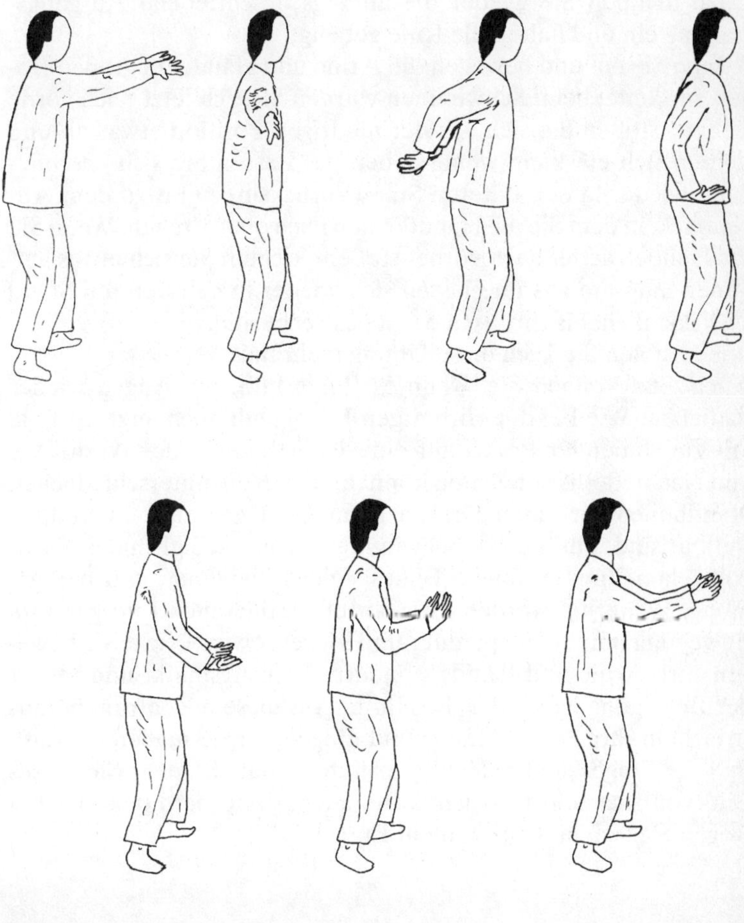

Versuchen Sie, sich gedanklich mit der Bewegung zu identifizieren, d. h. Sie sollten den Eindruck haben, sich tatsächlich im Wasser zu bewegen. Wiederholen Sie diese Bewegung mehrmals, wobei Sie Ihre individuelle Art des Brustschwimmens erkennen und praktizieren.

Lassen Sie uns jetzt die Bewegung im Einklang mit der Atmung und dem in der vorherigen Übung beschriebenen Abstoßen und Nachfedern wiederholen:
Dazu nehmen Sie wieder die anfangs beschriebene Ausgangsstellung ein und halten die Knie gebeugt.
Atmen Sie ein und bewegen die Arme und Hände im großen Bogen zur Seite; beim Schwimmen würden Sie sich jetzt nach vorne ziehen. Stoßen Sie sich aus der niedrigen Position etwas ab und richten sich ein klein wenig dabei auf. Lassen Sie sich anschließend wieder in den tieferen Stand zurücksinken bis zu dem Augenblick, in dem Sie die Handflächen nach oben drehen. Wenn Sie die Hände wieder nach vorne ‹stoßen›, richten Sie sich etwas auf, atmen langsam aus und lassen sich wieder in den tieferen Stand zurücksinken, bis Ihre Arme fast gestreckt sind.
Wiederholen Sie auch diese Übung mehrmals.
Auch jetzt können Sie, wenn es Ihnen hilft, die Augen wieder schließen. Wie bei der vorherigen Übung gilt auch jetzt, daß Sie mit zunehmender Praxis auf eine Übertreibung des Abstoßens und Nachfederns verzichten können, so daß die unterschiedlichen Standhöhen für einen Dritten kaum oder gar nicht mehr feststellbar sind. Für Sie als ‹Schwimmer› genügt lediglich das Nachvollziehen Ihres geistigen Bildes vom Schwimmen und die Atmung. Weiterhin werden Sie feststellen, daß auch Ihre gesamte Bewegung immer entspannter und lockerer wird. Nicht Sie bewegen Ihre Arme und Hände, sondern Ausgangspunkt und Motor der Bewegung ist wieder die Hüfte. Aus diesem Zentrum heraus streicheln Ihre Arme, Hände und Finger gleichermaßen die Luft, und die Finger sind nahezu grazil entspannt. Je mehr Sie dieses Bild von sich selbst in sich aufnehmen, desto harmonischer bewegen Sie sich in dem Element Luft.

Elefantenrüssel

Diese Übung soll Ihre persönliche Körpererfahrung mit TAI CHI um eine zusätzliche Variante bereichern. Dabei handelt es sich um den sogenannten Peitscheneffekt.
Lassen Sie mich diesen Begriff zunächst erläutern, damit wir für das Folgende eine gemeinsame Grundlage schaffen. Sie alle kennen eine Peitsche, die, wenn man es richtig anstellt, als Krönung einer geschickt ausgeführten Bewegung einen mehr oder weniger lauten Knall von sich gibt. Bei unserer Analyse soll keine physikalische Erklärung für den Knall geliefert werden, sondern wir wollen versuchen, die aufs feinste aufeinander abgestimmte Bewegung von Arm, Hand und Peitsche nachzuvollziehen.
Schließen Sie die Augen, nehmen Sie in Gedanken eine Peitsche in die Hand, und lassen Sie die Kordel vor sich hängen oder, wenn die Kordel länger ist, vor sich auf dem Boden liegen. Wenn Sie lieber mit etwas Handfestem arbeiten wollen, greifen Sie zu einem Handtuch. Bewegen Sie den Arm in Höhe des Kopfes erst nach hinten und anschließend nach vorne. Die Schnur oder das Handtuch wird, je nach Schnelligkeit der von Ihnen ausgeführten Bewegung, die von Ihnen vorgegebene Richtung und Bewegung nachvollziehen. Das Kordel- oder das Handtuchende wird bei diesem Vorgang immer schneller und erzeugt letztlich den Knall oder ein vergleichbares dumpfes Geräusch.
Probieren Sie die Bewegung mit einem Handtuch einmal aus, und versuchen Sie, den Peitscheneffekt als Bild in Ihrem Gedächtnis zu speichern.

Lassen Sie mich zur Verdeutlichung noch ein anderes Bild anführen. Stellen Sie sich eine Menschenkette von etwa zehn Leuten vor. Als Ausgangs- und Mittelpunkt einer Rotation soll eine Person an einem Ende der Kette fungieren. Diese Person, also das Zentrum, versucht mit gestreckten Armen, sich um sich selbst zu drehen. Zwangsläufig bezieht sie ihren Nebenmann in die Rotation mit ein, der wiederum seinen Nebenmann, und in einer echten Kettenreaktion setzt sich dies so fort bis zum letzten. Sie wissen schon, was passieren muß. Je weiter wir die einzelnen Glieder

der Kette zum Ende hin verfolgen, desto schneller muß jeder laufen, um der vom Zentrum vorgegebenen Richtung folgen zu können. Immer schwieriger wird es für den einzelnen, sich noch auf den Füßen zu halten.
Bemerkenswert ist, daß sich Bewegung und Geschwindigkeit offensichtlich mit Verzögerung fortsetzen. Bewegt sich jetzt das Zentrum in die Gegenrichtung, so dauert es wieder eine ganze Weile, bis die neue Richtung beim letzten angekommen ist. Gleichsam in einer Welle schwappt das äußere Kettenglied über, nähert sich etwas dem Zentrum und beginnt erst langsam, dann wieder schneller werdend, sich in die entgegengesetzte Richtung zu bewegen.
Das mehrmalige Wechseln der Drehrichtung und dadurch eine sich in ständiger Rotation befindliche Kette kann nur erreicht werden, wenn das Zentrum weder zu kraftvoll seine Drehung an seine Nebenleute weitergibt, noch zu plötzlich eine Richtungsänderung herbeizuführen versucht. Der Wechsel muß zwar bestimmt, trotzdem aber mit Rücksicht auf alle Kettenglieder eingeleitet werden. Werden diese Punkte nicht beachtet, löst sich die Kette in ihre Bestandteile auf, weil auch das Zentrum nicht mehr stabil bleiben kann.
Ausgewogenheit und Harmonie sowie der stete Bewegungsfluß sind deshalb nur dann gegeben, wenn alle Kettenglieder die Kraft aus der gemeinsamen Mitte immer ein klein wenig geringer weitergeben, als sie diese selbst entgegengenommen haben. Die verbleibende Kraft wird in Bewegung umgesetzt. Die Kraft ist also in der Mitte am größten, und hier gibt es kaum Bewegung, wohingegen zum Kettenende die Bewegung am größten ist, dafür ist aber kaum noch Kraft aus dem Zentrum vorhanden.

Auf TAI CHI übertragen bedeuten die beiden Bilder, daß das Zentrum aller Bewegung und Kraft die Hüfte ist. Arme, Hände und letztlich die Finger entsprechen der Kordel der Peitsche oder den letzten Kettengliedern der Menschenkette. Die Geschwindigkeit und die Bewegung sind bei den Fingern, die bildlich gesprochen auch den Knall erzeugen müßten, am größten und in der Hüfte am kleinsten.

Da Sie bei TAI CHI aber nicht nur die Arme, Hände und Finger bewegen, sondern auch eine Vielzahl von Schritten in unterschiedliche Richtungen machen müssen, ist die Kraft aus der Hüfte auch auf die Beine und Füße zu übertragen. Das geschieht immer dadurch, daß Sie, weil nun mal die Beine näher an der Hüfte sind als die Arme, zuerst das Gewicht entweder auf das vordere oder auf das hintere Bein verlagern müssen. Durch die zeitlich genau abgestimmte Gewichtsverlagerung und die verzögerte Übertragung auf die Arme entsteht der Eindruck, daß TAI CHI-Bewegungen einem sich im Winde wiegenden Kornfeld ähneln. Dieses Gefühl bleibt, neben vielen anderen, während der gesamten Ausübung in Ihrem Bewußtsein und vermittelt Ihnen letztlich die Ruhe, Entspannung und innere Ausgeglichenheit, die man TAI CHI nachsagt.
Bis das aber so funktioniert und Sie bei jeder einzelnen TAI CHI-Bewegung nicht mehr die Bilder als Hilfsmittel einsetzen müssen, brauchen Sie Zeit und besonders viel Geduld mit sich selbst. Sie werden gerade anfangs immer wieder feststellen, daß das, was Sie sich vorstellen, und das, was Ihr Körper daraus macht, grundverschieden sein wird.

Kommen wir auf die Übung des Elefantenrüssels zurück. Diese Übung heißt deswegen so, weil die von den Armen und Händen ausgeführten Bewegungen denen eines Elefanten im Zoo ähneln, der seinen Rüssel über den ihn von den Besuchern trennenden Graben schlenkern läßt, um damit um Naschereien zu betteln.
Stellen Sie die Füße schulterbreit auseinander, und lassen Sie Ihre Arme locker in den Schultern hängen. Machen Sie mit dem rechten Fuß einen Schritt nach vorn, und korrigieren Sie Ihren Stand, indem Sie die linke Ferse etwas nach innen drehen, die Zehen des rechten Fußes zeigen unverändert gerade nach vorne. Beugen Sie die Knie, und verteilen Sie Ihr Gewicht gleichmäßig auf beide Beine. Werfen Sie jetzt Ihren ‹Motor›, die Hüfte, an, indem Sie diese abwechselnd nach vorne und nach hinten bewegen. Dabei wird zwangsläufig auch das Gewicht mal mehr auf das vordere rechte und mal mehr auf das hintere linke Bein verlagert. Achten Sie darauf, daß während der gesamten Übung beide Füße immer

fest auf dem Boden stehen. Bemühen Sie sich, den Rücken immer geradezuhalten, also den Po nicht nach hinten herauszustrecken und nicht so das Becken nach vorne zu schieben, damit Oberschenkel und Rumpf keine gemeinsame schräge Linie bilden. Führen Sie diese Bewegung einige Male erst langsam aus, und werden Sie dann immer schneller. Wenn Sie Ihre Arme und Schultern locker gelassen haben, beginnen diese ihrerseits, erst langsam und dann auch immer schneller werdend, hin- und herzupendeln. Versuchen Sie, das Tempo noch zu steigern. Dabei ist es durchaus richtig, wenn Sie die Gewichtsverlagerung schnell einleiten und auch schnell wieder abschließen, Sie sich also eher ruckartig bewegen. Bei der Bewegung nach vorne sollte das rechte Knie nicht über die Zehenspitzen des rechten Fußes hinausragen, bei der Bewegung nach hinten befindet sich Ihr Po über dem linken Fuß.
Wenn Sie das für sich richtige Tempo gefunden haben, beobachten Sie einmal genau das Schwingen Ihrer Arme. Vergessen Sie dabei nicht, sich weiter in der oben beschriebenen Weise zu bewegen. Sie werden feststellen, daß die Arme zeitlich verzögert der von der Hüfte ausgehenden Richtung und Bewegung folgen, sie also den in den Bildern beschriebenen Peitscheneffekt zeigen. Ihr Gewicht ruht schon auf dem hinteren Fuß, obwohl die Arme noch auf dem Weg nach vorne sind, oder Ihre Arme sind noch auf dem Weg nach hinten, obwohl Ihr Gewicht schon wieder auf den vorderen Fuß verlagert ist.
Die Bewegung wäre falsch ausgeführt, wenn das Schwingen der Arme nach vorne mit der Gewichtsverlagerung auf den rechten Fuß zusammen erfolgen würde. Sollte Ihr Elefantenrüssel so aussehen, lassen Sie mit Sicherheit nicht die Schultern und die Arme locker hängen. Ich habe festgestellt, daß viele den ‹Rüssel› zwar richtig machen, sich aber spätestens in dem Augenblick verhaspeln, wenn sie ihre Aufmerksamkeit ganz auf die schwingenden Arme richten sollen. Lassen Sie sich davon nicht beirren, und beginnen Sie einfach wieder von vorne.

Jetzt wollen wir versuchen, das, was wir eben noch schnell gemacht haben, bewußt langsam nachzuvollziehen. Die Ausgangsstellung ist die gleiche wie bei der schnellen Ausführung. Belasten Sie anfangs Ihre Beine gleichmäßig. Werfen Sie Ihren Motor an, indem Sie langsam, aber bestimmt das Gewicht auf das vordere Bein verlagern, und lassen Sie langsam Ihre Arme nach vorne hochsteigen. Atmen Sie hierbei ein.

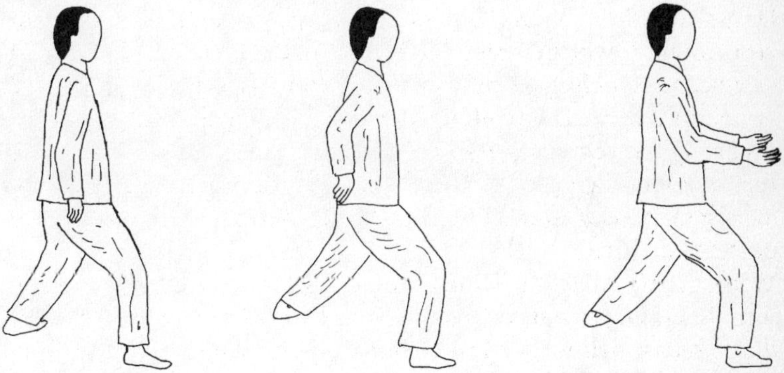

Bevor die Hände im oberen Totpunkt, also dem Wendepunkt der Aufwärtsbewegung, angekommen sind, müssen Sie schon das Gewicht auf das hintere Bein verlagert haben. Atmen Sie hierbei aus.

Lassen Sie die Hände im Totpunkt ausschwingen, und beschreiben Sie mit den Fingerspitzen einen kleinen vertikalen Bogen. Schwingen Sie die Arme wieder zurück.

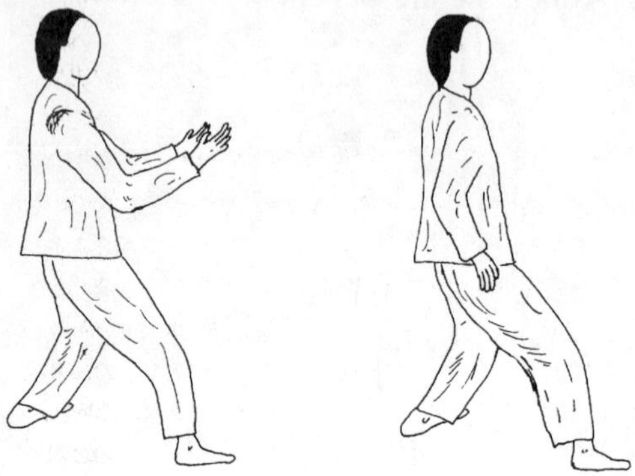

Bevor die Hände im hinteren Wendepunkt angekommen sind, muß das Gewicht schon wieder auf das vordere Bein verlagert sein. Atmen Sie ein, und beschreiben Sie mit den Fingerspitzen wieder einen kleinen vertikalen Bogen. Anschließend schwingen Sie die Hände nach vorne.

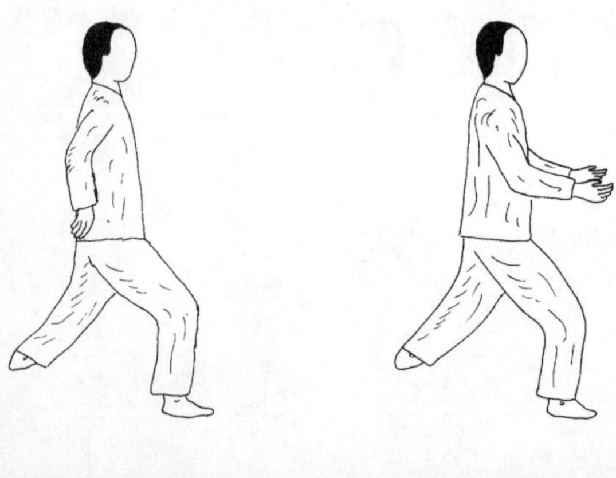

Wiederholen Sie dieses langsame Schwingen, bis Sie das Gefühl haben, die eben noch schnell ausgeführte Bewegung nunmehr tatsächlich langsam abgebildet zu haben. Das zunächst noch ruckartige Verlagern des Gewichts verliert sich mit zunehmender Übung immer mehr, bleibt aber trotzdem als Ausgangspunkt der Bewegung für Sie spürbar. Achten Sie dann nur noch auf Ihre Hüfte als Motor, und Sie haben den Eindruck, daß die Arme fast selbständig nach vorne und hinten fließen.

Obwohl diese Übung auf den ersten Blick recht einfach aussieht und jeden sofort zum Nachahmen veranlaßt, ist sie doch schon recht schwer. Wir hängen zu sehr an hergebrachten Bewegungsmustern und haben diese als sogenannte Körpererfahrung gespeichert. Sagt uns jetzt jemand, nach welchen physikalischen Gesetzen wir uns eigentlich bewegen, reagieren wir erstaunt, verunsichert und verwirrt.
Das bewußt gedankliche Nachvollziehen einer bestimmten Bewegung ist keine besondere intellektuelle Leistung und kann von jedem mit etwas Übung erreicht werden. Die Schwierigkeiten beginnen meistens immer erst dann, wenn es darum geht, das gespeicherte Bild in eine vorgegebene Bewegung zu integrieren oder gar das gesamte Bild in Bewegung umzusetzen.
Es kann in der Tat recht lange dauern und kann auch manchmal frustrierend sein, bis eine andere, neue Körpererfahrung Bewegungen dieser Art zuläßt und der Körper bereit ist, die neuen Signale aus dem Kopf zu empfangen.

Die Haltung beim TAI CHI

Um richtig TAI CHI ausüben zu können, müssen Sie eine bestimmte Haltung einnehmen, die während der gesamten Form und bei allen Einzelübungen beibehalten werden sollte.
Sicherlich handelt es sich dabei um ein Haltungsideal.
Trotzdem sollte jeder im Rahmen seiner körperlichen Möglichkeiten versuchen, diesem Ideal so nahe wie möglich zu kommen.

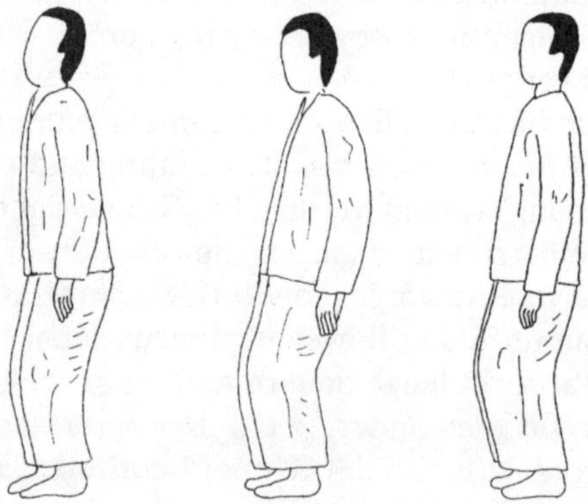

Betrachten Sie zunächst die drei Figuren. Auch Sie werden sofort intuitiv zu dem Ergebnis kommen, daß die ersten beiden zumindest etwas merkwürdig aussehen. Nach dem, was Sie bis jetzt von TAI CHI gehört haben, können das sicher nicht die Haltungen sein, die Ihnen Wohlbefinden bereiten können, denn Kopf, Hals, Schultern, Rücken und Becken sehen eher verkrampft, angespannt und instabil aus. Je länger Sie diese Bilder betrachten, desto größer wird die Anzahl weiterer negativer Eigenschaften, die Sie diesen Haltungen zuschreiben können.

Wenn Sie sich jedoch die dritte Zeichnung ansehen, haben Sie spontan den Eindruck von Ausgewogenheit, Ruhe, Wohlbefinden, Entspanntheit, Stabilität und Harmonie. Der gesamte Oberkörper scheint vollkommen unverkrampft wie auf einem festen Sockel zu ruhen und von einem unsichtbaren Band geradegehalten zu werden.
Natürlich gibt es eine Vielzahl von Regeln und noch mehr Begründungen für die korrekte Haltung. Ich möchte Sie jedoch nicht damit langweilen, sondern Ihnen lieber eine Möglichkeit anbieten, selbst einmal diese Stellung einzunehmen.

Stellen Sie sich dazu an eine Wand, und achten Sie darauf, daß auch die Fersen die Wand berühren. Halten Sie die Füße schulterbreit auseinander. Bei der korrekten Haltung soll ab dem Po aufwärts der Rücken bis hinauf zu den Schultern etwa eine Linie bilden. Wenn Sie jetzt versuchen würden, dies an der Wand auszuprobieren, werden Sie feststellen, daß das Hohlkreuz einfach nicht wegzubekommen ist, ja, daß Sie sogar Gefahr laufen, nach vorne umzukippen. Gehen Sie also langsam in die Knie, und Sie haben nicht nur die Begründung dafür gefunden, daß bei TAI CHI die Knie immer gebeugt sein müssen, sondern Sie merken sofort auch eine spürbare Erleichterung. Sie spüren, wie sich Ihr Rücken entspannt und Sie auch viel sicherer an der Wand stehen können. Bequem können Sie jetzt etwas Ihr Becken nach vorne schieben, und das Hohlkreuz ist verschwunden. Wiederholen Sie das Hin- und Herschieben des Beckens einige Male, um für dessen richtige Stellung ein Gefühl zu bekommen.
Sie fühlen nun den Kontakt mit der Wand hinauf bis zu den Schulterblättern. Versuchen Sie auf keinen Fall, die Schultern mit Gewalt an die Wand zu drücken, sondern behalten Sie die natürliche Rundung der Schultern bei. Bringen Sie jetzt noch den Kopf in die richtige Position, indem Sie ihn nicht einfach nach hinten legen, sondern das Kinn etwas anziehen, also ein ganz kleines Doppelkinn machen und dadurch Ihren Scheitel etwas nach oben verschieben. Vermeiden Sie, wie ein Brett an der Wand zu kleben, sondern versuchen Sie, entspannt und locker zu stehen und ruhig und tief zu atmen. Bemühen Sie sich, eine Zeitlang diese Stellung

beizubehalten, und achten Sie nicht auf Ihre vielleicht schmerzenden Oberschenkel. Überprüfen Sie gedanklich noch einmal die Haltung des Kopfes, der Schultern, des Rückens und des Beckens, lassen Sie Ihre Arme, Hände und Finger locker und entkrampft hängen.

Sie werden jetzt verstehen, wenn ich anfangs von einem Haltungsideal gesprochen habe, denn es ist nicht leicht, während der gesamten TAI CHI-Form diese Haltung beizubehalten. Immer wieder schleichen sich Fehler ein, und immer wieder finden Sie aber auch Stellen, an denen Sie sich korrigieren können.

Haben Sie bisher nur die negativen Auswirkungen Ihrer Haltung in Form von Schmerz, Müdigkeit, Verkrampfungen oder einfach nur Unbehagen gespürt, so werden Sie mit zunehmender Übung mehr als nur das korrekte Stehen beim TAI CHI damit verbinden. Sie empfinden vielmehr Wohlbehagen, Entspannung, ja sogar Harmonie in körperlicher und geistiger Hinsicht, und vielfach genügt dann nur die geistige Vorstellung des Haltungsideals, um bei der Form auch tatsächlich eine bessere Haltung einzunehmen.

Das Gehen beim TAI CHI: Beispiele

Die hier ausgewählten Beispiele des Gehens sind der langen Form entnommen und sollen Ihnen zeigen, wie Sie sich beim TAI CHI in der richtigen Art und Weise vorwärts, rückwärts oder zur Seite bewegen können. Mir ist klar, daß das Nachvollziehen und Umsetzen der Anweisungen für Sie als Leser immer schwieriger werden wird. Deshalb habe ich an dieser Stelle auch lange überlegt, ob ich die Beschreibungen zusätzlich um den kampfsportmäßigen Aspekt von TAI CHI erweitern und belasten sollte. Das würde nämlich bedeuten, daß ich Ihnen auch den Sinn und Zweck jeder Technik erklären müßte. Im Hinblick darauf, daß wohl die meisten Leser TAI CHI aus Freude an der Bewegung und als neue Art der Körpererfahrung kennenlernen wollen, möchte ich deshalb darauf verzichten.

Worauf ich aber nicht verzichten möchte ist, Ihnen zu sagen, an welchen Stellen Sie ein- bzw. ausatmen sollen. Bei dem Versuch, diese Schrittfolgen nachzumachen, achten Sie anfangs zunächst nur auf die Bewegungen, und erweitern Sie die einzelnen Sequenzen erst später um die Atmung. Das Atmen ist, wie Sie bereits wissen, neben den Bewegungen der Motor schlechthin für TAI CHI, soll aber in letzter Konsequenz in keinem Fall erzwungen werden. Erst im Laufe der Zeit wird sich der Atem, wenn die Bewegungen richtig ausgeführt werden, von selbst regulieren. Dann haben Sie auch das Gefühl, beim Ausatmen fest im Boden verwurzelt zu sein, und Sie haben Zeit, die Arme in die entsprechenden Positionen fließen zu lassen. Und erst dann haben Sie auch die nötige Muße, diesen Bewegungsfluß richtig zu genießen.

Nehmen Sie bitte hier meine Ausführungen so hin, wie sie gedacht sind, und seien Sie nicht enttäuscht, wenn Sie die Schrittfolgen nicht gleich auf Anhieb nachvollziehen können.

Rufen Sie sich noch einmal insbesondere die letzten drei Übungen der vorbereitenden Gymnastik ins Gedächtnis zurück (S. 51–65).

Da war die Rede von richtiger Gewichtsverlagerung, einheitlicher Bewegung des Oberkörpers und dem Peitscheneffekt. Haben Sie sich dabei noch aus einem sicheren Stand heraus bewegt, so gilt es jetzt, diese Sicherheit für einen kurzen Augenblick aufzugeben und einen neuen Standort zu finden, ohne dabei die Balance zu verlieren.
Bei allen drei Übungen habe ich immer wieder auf die Hüfte als Motor und Ausgangspunkt der Bewegung hingewiesen. Wenn Sie sich das immer wieder vor Augen halten, werden Sie beim TAI CHI-Gehen zwar die üblichen Anfangsschwierigkeiten, nicht aber grundsätzliche Verständnisprobleme haben.

Betrachten wir zur Einstimmung einmal unser ‹normales› Gehen etwas genauer. Wir bewegen uns vorwärts oder auch rückwärts, indem wir immer das gesamte Körpergewicht auf ein Bein verlagern. Dadurch wird das andere Bein ‹frei›, ist also unbelastet, und kann zu dem Schritt nach vorne oder hinten geschwungen werden. Wenn Sie eine Treppe hinaufsteigen wollen, werden Sie nie oben ankommen, wenn Sie Ihren Fuß lediglich auf der nächst höheren Stufe abstellen. Sie müssen schon Ihr gesamtes Gewicht auf diesen Fuß verlagern, um den hinteren Fuß für den Schritt auf die nächste Stufe frei zu machen. Grundsätzlich lassen sich diese Erkenntnisse auch auf TAI CHI übertragen. Bewegen Sie sich nach vorne und wollen eine Abwehrtechnik ausführen, können Sie diese erst dann richtig ansetzen, wenn Sie das Gewicht auf das vordere Bein verlagert haben. Gleiches gilt, wenn Sie rückwärts gehen. So widersprüchlich sich das auch anhören mag, aber Ihr vorderes Bein entsprechend der Bewegungsrichtung ist jetzt das hintere Bein.
Bei den schnellen Kampfsportarten wie z. B. Karate sieht es vielfach so aus, als würden diese Grundsätze nicht eingehalten, denn das ungeübte Auge sieht den Schritt und die Technik als eine Bewegung. Weil TAI CHI langsam ausgeführt wird, hat es den Vorteil, nicht nur die optimale, sondern auch die richtige Abfolge der Bewegungen aufzuzeigen. Das Wiedererkennen von natürlichen Bewegungsformen ist ein Grundanliegen von TAI CHI und ist ein Teil der Körpererfahrung.

Wir wollen nun gemeinsam versuchen, die neuen Erkenntnisse beim TAI-CHI-Gehen ohne zusätzliche Armbewegungen anzuwenden. Auch wenn es nicht jedesmal ausdrücklich erwähnt wird, so werden alle nachfolgenden Übungen immer *langsam* ausgeführt.

Schrittfolge ohne Armbewegung

Stellen Sie Ihre Füße nebeneinander. Die Fersen sind nicht ganz zusammen, und die Zehenspitzen der Füße zeigen etwas schräg nach vorne. Lassen Sie Ihre Arme locker an der Seite hängen. Die Knie sind gebeugt, und das Gewicht ist gleichmäßig auf beide Beine verteilt. Atmen Sie ein, und verlagern Sie Ihr Gewicht ganz auf den rechten Fuß. Atmen Sie aus, und machen Sie mit dem linken Fuß einen Schritt schräg nach vorne, wobei Sie den Fuß auf der Ferse aufsetzen. Übernehmen Sie das Gewicht auf den linken Fuß, indem Sie langsam den linken Fuß über die Ferse abrollen.

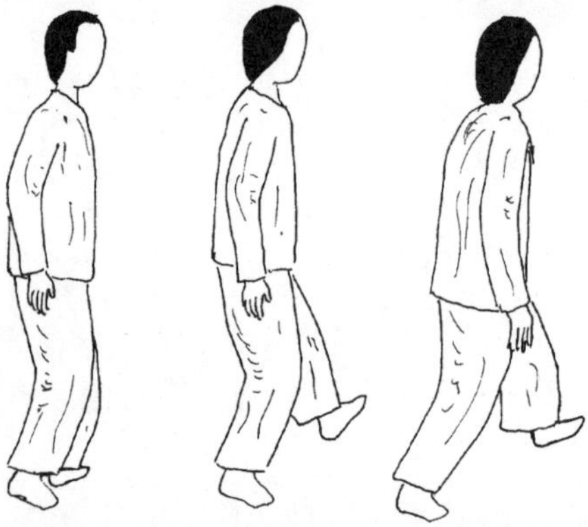

Atmen Sie ein, pendeln Sie wieder zurück auf den rechten Fuß, und drehen Sie den linken Fuß auf der Ferse etwas nach links außen. Pendeln Sie zurück auf den linken Fuß, und übernehmen Sie das gesamte Gewicht auf den linken Fuß. Ziehen Sie den rechten Fuß an den linken Fuß heran, und setzen Sie ihn für einen kleinen Augenblick mit dem Ballen neben den linken Fuß. Achten Sie darauf, daß Sie nicht das Gewicht auf den rechten Fuß übernehmen, sondern den Fuß nur als zusätzlichen Stabilisator für Ihr Gleichgewicht einsetzen.
Drehen Sie die Hüfte, den Oberkörper zusammen mit dem Kopf schräg nach rechts vorn. Atmen Sie aus, und machen Sie mit dem

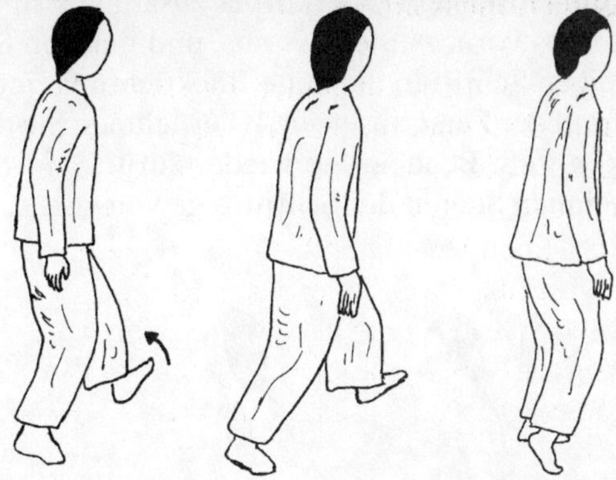

rechten Fuß einen Schritt in die neue Blickrichtung, indem Sie zuerst den Fuß auf der Ferse absetzen. Übernehmen Sie das Gewicht auf den rechten Fuß, indem Sie langsam den rechten Fuß über die Ferse abrollen.
Atmen Sie ein, und pendeln Sie zurück auf den linken Fuß, drehen Sie den rechten Fuß auf der Ferse etwas nach außen, übernehmen Sie das gesamte Gewicht auf den rechten Fuß, ziehen Sie den linken Fuß neben den rechten Fuß, und setzen Sie ihn für einen Augenblick auf dem Ballen ab.

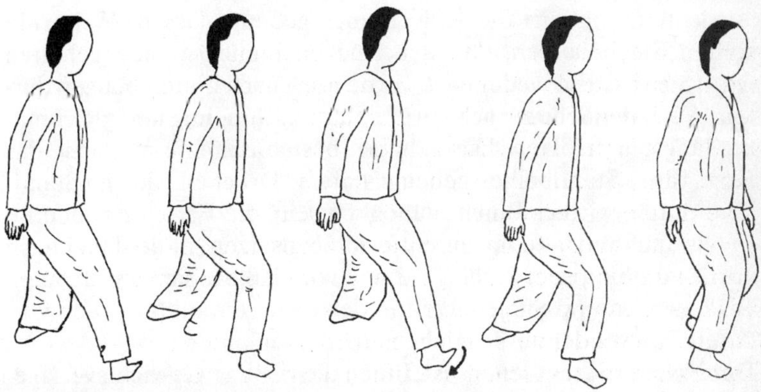

Drehen Sie die Hüfte, den Oberkörper zusammen mit dem Kopf schräg nach links vorn. Atmen Sie aus, und machen Sie mit dem linken Fuß einen Schritt in die neue Blickrichtung, indem Sie zuerst den Fuß auf der Ferse absetzen. Übernehmen Sie das Gewicht auf den linken Fuß. Pendeln Sie wieder zurück auf den rechten Fuß, und beginnen Sie mit der Schrittfolge von vorne.

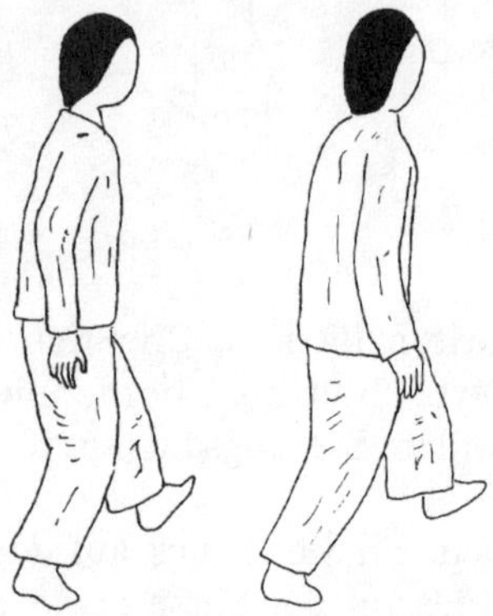

Achten Sie bei dieser Übung auch darauf, daß die Höhe der Schultern und des Kopfes immer gleich bleibt. Wichtig ist also, daß Sie sich nicht beim Heranziehen des hinteren Beines wieder aufrichten, sondern die Knie immer gebeugt lassen. Weiterhin sollten Sie beachten, daß der Rücken immer gerade gehalten wird, Sie sich also weder nach vorne noch nach hinten beugen dürfen. Auch der Schritt nach vorne sollte geschmeidig und gleichmäßig langsam erfolgen. Das geht am besten dann, je mehr Sie das Knie Ihres Standbeines gebeugt haben. Drücken Sie Ihr Standbein durch, wird es Ihnen unmöglich sein, die Ferse des anderen Fußes auch nur 10 cm weit entfernt abzusetzen, ohne dabei nach vorne zu plumpsen. Stellen Sie sich vor, daß Sie sich auf dünnem Eis bewegen und Sie jederzeit in der Lage sein müßten, den vorderen Fuß wieder zurückziehen zu können.

Der Zweck dieses Gehens ist, Ihnen die richtige Gewichtsverlagerung bewußt zu machen und nochmals die einheitliche Bewegung von Hüfte, Oberkörper und Kopf zu verdeutlichen. Wenn Sie über einen längeren Zeitraum diese Schrittfolge geübt haben, brauchen Sie nicht mehr ständig zu überlegen, was als nächstes folgt. Sie werden beständig sanft hin- und herpendeln und im Grunde genommen die Einfachheit dieser Bewegungsfolge genießen.

Schritt nach vorn und ein Knie streifen

Auf der Grundlage des Gehens ohne zusätzliche Armbewegungen wollen wir jetzt eine Schrittfolge aus der langen Form ausprobieren. Dabei erfolgen die einzelnen Richtungswechsel wie in der vorherigen Schrittfolge jeweils im rechten Winkel, die Schrittfolge entspricht also einem Zickzackkurs.
Machen Sie einen Schritt schräg links nach vorne, und verlagern Sie das Gewicht gleichmäßig auf beide Beine. Beide Arme hängen locker an der Seite. Das ist Ihre Ausgangsposition.
Atmen Sie ein, pendeln Sie auf den rechten Fuß, und die Arme folgen mit einer kleinen Verzögerung dieser neuen Richtung. Drehen Sie den linken Fuß auf der Ferse etwas nach links außen, übernehmen Sie das ganze Gewicht auf den linken Fuß, und setzen Sie für einen Augenblick den rechten Fuß auf dem Ballen neben den linken Fuß ab. Die Arme folgen auch dieser Richtung mit Verzögerung und schwingen nach vorne, wobei beide Handflächen nach oben zeigen.

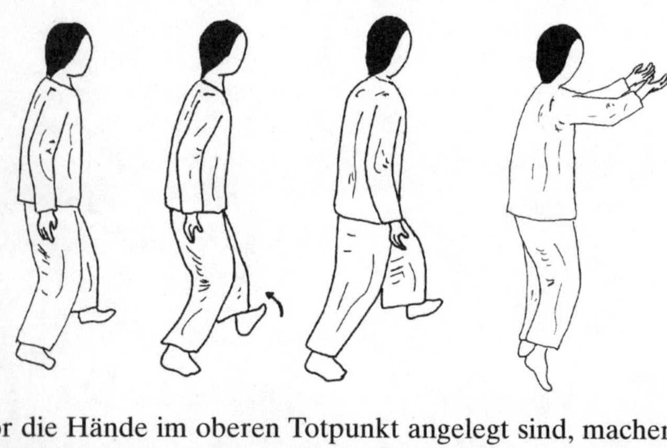

Bevor die Hände im oberen Totpunkt angelegt sind, machen Sie einen Schritt schräg rechts nach vorne und rollen den rechten Fuß über die Ferse ab. Die Hüfte, der Oberkörper mit den Schultern und dem Kopf behalten während der Übernahme des Gewichts auf den rechten Fuß noch unverändert die alte Richtung bei, Sie blicken also in Richtung der linken Fußspitze. Geben Sie unter

keinen Umständen der Versuchung nach, mit dem Schritt auch schon den Kopf in die neue Richtung zu drehen.
Erst wenn das Gewicht überwiegend auf den rechten Fuß verlagert ist, atmen Sie aus und drehen Sie die Hüfte etwas nach rechts.

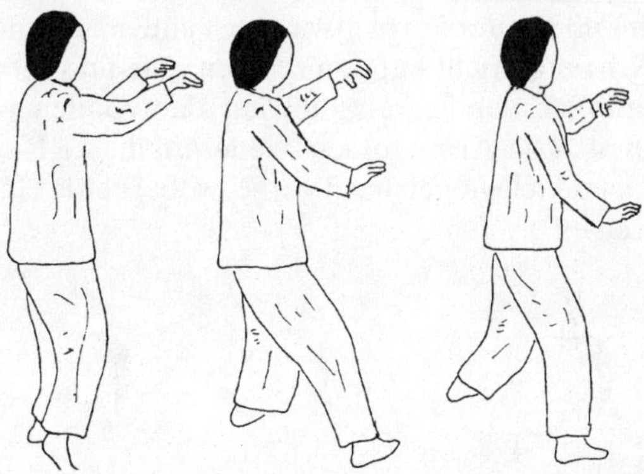

Die Drehung wird vom Oberkörper, den Schultern und dem Kopf als eine Einheit übernommen und an die Arme, Hände und Finger derart weitergeleitet, daß die rechte Hand in einem Bogen von oben nach unten zum rechten Oberschenkel geführt wird, dabei zeigt die Handfläche immer nach unten. Die linke Hand wird erst mit den Fingerspitzen, dann mit der ganzen Handfläche etwa in Schulterhöhe nach vorne geschoben. Sie blicken jetzt in Richtung der rechten Fußspitze.

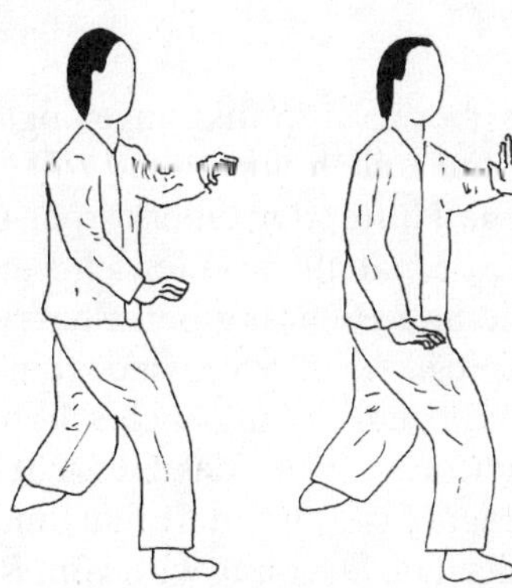

Bevor beide Hände ihre jeweilige ‹Endposition› erreicht haben, atmen Sie ein, und verlagern Sie wieder das Gewicht auf den linken Fuß. Die Arme folgen wieder dieser neuen Richtung, indem Sie mit den Handflächen nach außen wie bei der Übung ‹Schwimmen in der Luft› Schwung holen. Gleichzeitig drehen Sie den rechten Fuß auf der Ferse etwas nach außen, übernehmen Sie das ganze Körpergewicht auf den rechten Fuß, und setzen Sie für einen Augenblick den linken Fuß auf dem Ballen neben den rechten Fuß ab. Die Arme folgen wiederum dieser Richtung mit Verzögerung und schwingen nach vorne, wobei beide Handflächen nach oben zeigen.

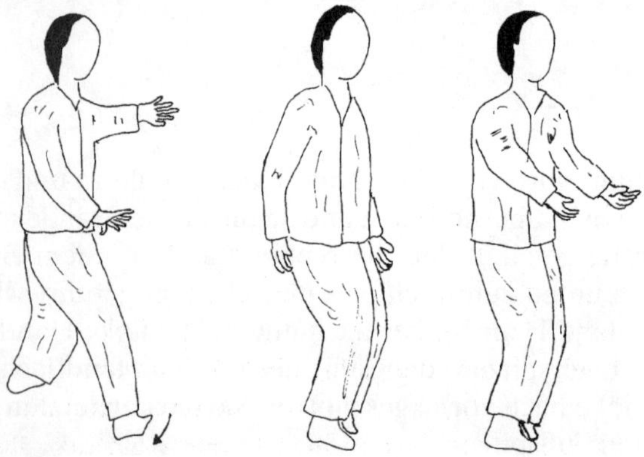

Bevor die Hände im oberen Totpunkt angelangt sind, machen Sie einen Schritt schräg links nach vorne und rollen den linken Fuß über die Ferse ab. Die Hüfte, der Oberkörper und der Kopf behalten während der Übernahme des Gewichts auf den linken Fuß noch unverändert die alte Richtung bei, Blickrichtung ist immer noch die rechte Fußspitze. Achten Sie wieder darauf, daß Sie unter keinen Umständen mit dem Schritt auch schon den Kopf in die neue Richtung drehen. Erst wenn das Gewicht überwiegend auf den linken Fuß verlagert ist, atmen Sie aus und drehen Sie die Hüfte etwas nach links. Die Drehung wird vom Rumpf, den Schultern und dem Kopf als eine Einheit übernommen und an die Arme, Hände und Finger derart weitergeleitet, daß die linke Hand in einem Bogen von oben nach unten zum linken Oberschenkel geführt wird, dabei zeigt die Handfläche immer nach unten. Die rechte Hand wird erst mit den Fingerspitzen, dann mit der ganzen Handfläche etwa in Schulterhöhe nach vorne geschoben. Sie blicken jetzt in Richtung der linken Fußspitze.

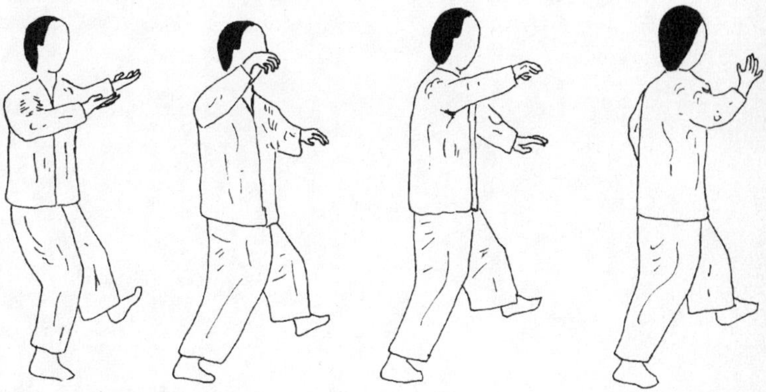

Wichtig ist bei dieser Schrittfolge, daß Sie – anders als bei der vorangegangenen – unter keinen Umständen zusammen mit dem Schritt nach vorne auch schon in die neue Richtung blicken. Mit dem Blick drehen Sie automatisch etwas den Kopf und die Schultern. Damit aber nehmen Sie der Hüfte die Kraft als zentralem Motor, die für die eigentliche Technik, nämlich die Armbewegung noch gebraucht wird. Sie würden sich zwar immer noch langsam bewegen, machen aber im Grunde genommen kein TAI CHI mehr. Um die Arme und Hände noch in die richtige Position zu bekommen, müßten Sie diese aktiv, also mit einer selbständigen Bewegung führen. Nutzen Sie aber die Drehung der Hüfte aus, fließen die Arme und Hände automatisch, also eher passiv, in die neue Richtung. Denken Sie an den bereits beschriebenen Abstoß- und Peitscheneffekt, und versuchen Sie, eine bis in die Fingerspitzen fließende Bewegung zu erreichen.

Trotz des in einzelnen Abschnitten dargestellten Ablaufs, erst der Schritt, dann das Gewicht und mit der Drehung das Ausatmen, können Sie sich vorstellen, daß sich der ganze Körper in ständiger Bewegung befindet. Insbesondere die Arme und Hände unterliegen einem ständigen Fluß. Eine ‹Stellung› oder ‹Endposition› geht sofort nahtlos in eine andere über, alles löst sich sofort wieder auf, um etwas Neues zu formen, das seinerseits auch keinen Bestand hat. Das einzig Beständige ist der Wandel der Figuren.

Der goldene Hahn steht auf einem Bein

Stellen Sie Ihre Füße nebeneinander. Die Fersen sind nicht ganz zusammen, und die Zehenspitzen der Füße zeigen etwas schräg nach vorn. Lassen Sie Ihre Arme locker an der Seite hängen. Die Knie sind gebeugt, und das Gewicht ist gleichmäßig auf beide Beine verteilt.
Atmen Sie ein, verlagern Sie Ihr Gewicht ganz auf das rechte Bein, und heben Sie den linken Fuß bis etwa in Kniehöhe des rechten Beines an. Die rechte Hand heben Sie bis in Höhe des Gesichts, die Handfläche zeigt zum Gesicht, die Fingerspitzen zeigen nach oben. Heben Sie den linken Arm bis etwa in Schulterhöhe, die Handfläche zeigt nach außen, die Fingerspitzen zeigen auf die rechte Hand. Beide Arme sind bei dieser Stellung rund, und beide Hände haben einen Abstand von ungefähr 30 cm. Drehen Sie sich jetzt in der Hüfte etwas nach links, wobei sich auch der Oberkörper, die Schultern und der Kopf mitdrehen. Beide Arme folgen dieser von der Hüfte eingeleiteten Drehung, etwa so, als wenn Sie etwas nach links hinten ziehen wollten.

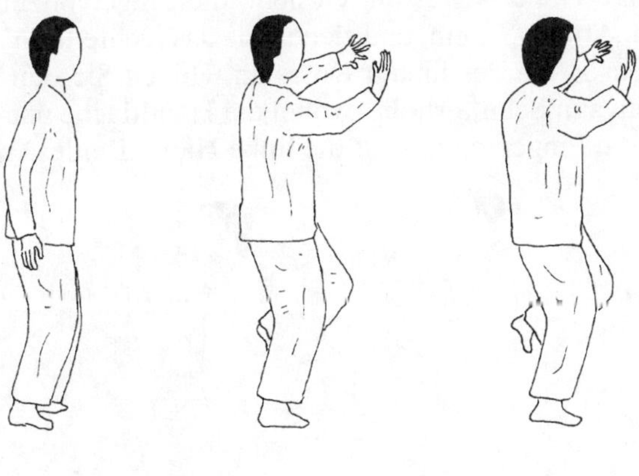

Setzen Sie den linken Fuß schräg nach hinten erst auf dem Ballen ab, und übernehmen Sie fast das gesamte Gewicht auf den linken Fuß, den rechten lassen Sie unverändert mit der Fußsohle auf dem

Boden stehen. Bevor Sie diese Bewegung nach hinten ausklingen lassen, atmen Sie aus, und drehen Sie die Hüfte zurück nach vorne. Als Folge dieser Drehung wird die rechte Hand mit der Handfläche nach unten in einem Bogen in Höhe des rechten Oberschenkels geführt, die linke Hand wird in einer Stoßbewegung nach vorne geschoben.

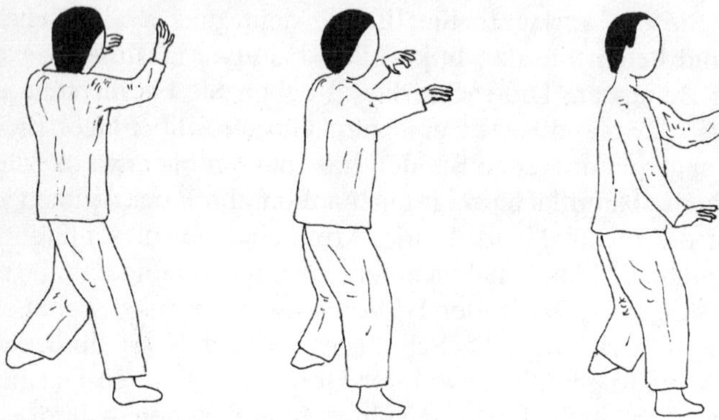

Bevor die Hände ihren jeweiligen Totpunkt erreicht haben, drehen Sie die linke Handfläche zum Gesicht, die Fingerspitzen zeigen nach oben. Atmen Sie ein, und ziehen Sie das rechte Bein mit dem Fuß etwa in Höhe des linken Knies an. Heben Sie den rechten Arm bis etwa in Schulterhöhe, wobei die Handfläche nach außen zeigt und die Fingerspitzen auf die linke Hand. Beide Arme sind

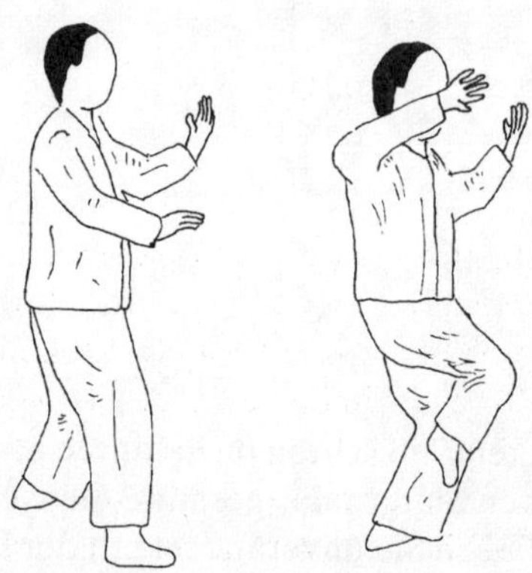

wieder rund, und der Abstand der Hände beträgt wieder etwa 30 cm. Drehen Sie sich jetzt in der Hüfte etwas nach rechts, wobei sich auch die Schultern und der Kopf mitdrehen. Die Arme folgen dieser von der Hüfte eingeleiteten Drehung wieder so, als wenn Sie etwas nach rechts hinten ziehen wollten. Setzen Sie den rechten Fuß schräg nach hinten erst auf dem Ballen ab, und übernehmen Sie fast das gesamte Gewicht auf den rechten Fuß, den linken Fuß lassen Sie unverändert mit der Fußsohle auf dem Boden stehen. Bevor Sie wieder diese Bewegung nach hinten ausklingen lassen, atmen Sie aus, und drehen Sie die Hüfte zurück nach vorne. Als Folge dieser Drehung wird die linke Hand mit der Handfläche nach unten in einem Bogen in Höhe des linken Oberschenkels geführt, die rechte Hand wird in einer Stoßbewegung nach vorne geschoben.

Auch bei dieser Schrittfolge sollten Sie beachten, daß die Arme in der jeweiligen ‹Endposition›, also wenn der Stoß nach vorne ausgeführt ist und die andere Hand zum Oberschenkel geführt worden ist, niemals gestreckt sein dürfen. Für das Ausbalancieren und damit das sichere Stehen auf einem Bein ist es wichtig, daß der Fuß des Standbeines immer schräg nach außen gestellt ist und das Knie gebeugt bleibt. Sie erreichen damit zusätzlich, daß auch bei

dieser Schrittfolge die Höhe der Schultern und des Kopfes immer gleich bleibt.
Sollten Sie anfänglich beim Stehen auf einem Bein Schwierigkeiten haben, konzentrieren Sie sich ganz auf die tiefe Atmung in den Unterbauch. Damit verlagern Sie automatisch auch Ihren Schwerpunkt gedanklich nach unten, und Sie fühlen sich sicherer.
Damit Ihre Schrittfolge insgesamt gesehen stabil und nicht wakkelig verläuft, sollten Sie auch nicht die Füße in einer Linie hintereinander absetzen, sondern den Schritt nach hinten etwas versetzt ausführen.

Affen abwehren

Beginnen Sie diese Schrittfolge so wie die vorherige, also vereinfacht beschrieben: Gewicht auf rechte, linke Seite heben, Schritt links zurück und aus der Hüfte drehen. Danach ruht das Gewicht auf dem linken Bein, das rechte ist unbelastet. Die rechte Hand befindet sich mit der Handfläche nach unten etwa in Höhe des Oberschenkels, die linke Hand mit der Handfläche nach vorne etwa in Schulterhöhe.

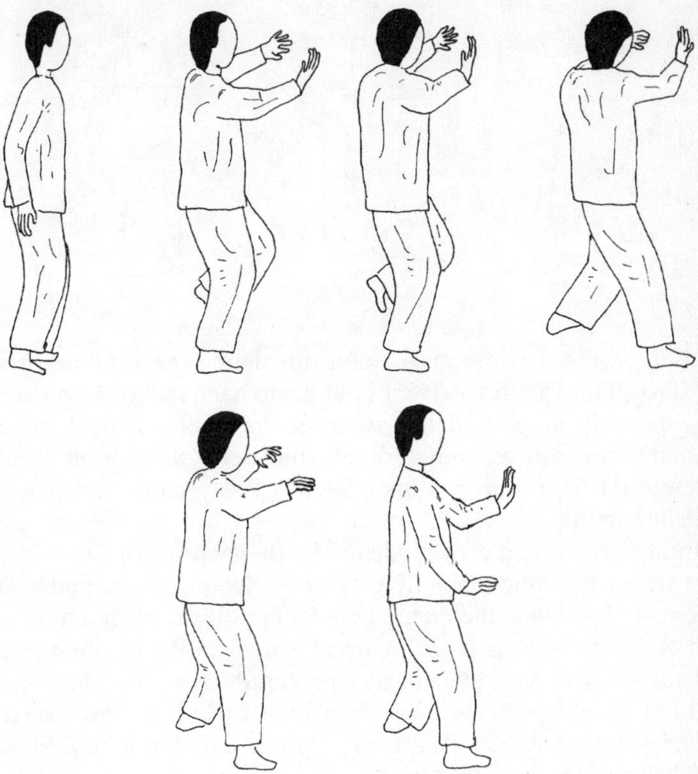

Atmen Sie ein, ziehen Sie den rechten Fuß an den linken Fuß heran, und übernehmen Sie das gesamte Gewicht auf rechts. Dabei drehen Sie die linke Hand mit den Fingern nach vorne und der Handfläche nach oben. Heben Sie die rechte Hand bis etwa in Schulterhöhe hoch, wobei die Handfläche nach unten zeigt und das Handgelenk ganz locker bleiben soll.

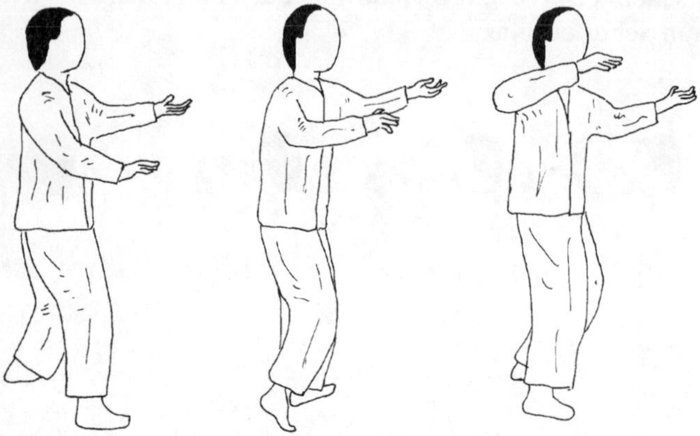

Drehen Sie die Hüfte zusammen mit dem ganzen Oberkörper, dem Kopf und der rechten Schulter etwas nach rechts. Machen Sie einen Schritt mit dem linken Bein seitwärts versetzt nach hinten, behalten Sie trotzdem mit der Hüfte und dem Oberkörper die alte Richtung bei, und übernehmen Sie fast das gesamte Gewicht auf den linken Fuß.
Atmen Sie aus, und drehen Sie die Hüfte nach vorne. Denken Sie wieder an die einheitliche Bewegung des Oberkörpers, und lassen Sie als Folge davon die rechte Hand, Handfläche nach unten, von der Schulter im Bogen nach vorne bis in etwa Brusthöhe gleiten, wobei Sie den Arm aber nicht strecken dürfen. Die linke Hand wird mit der Handfläche nach oben, bis etwa in Bauchhöhe an den Körper herangezogen. Achten Sie darauf, daß der linke Ellbogen am Körper vorbeigeführt wird.

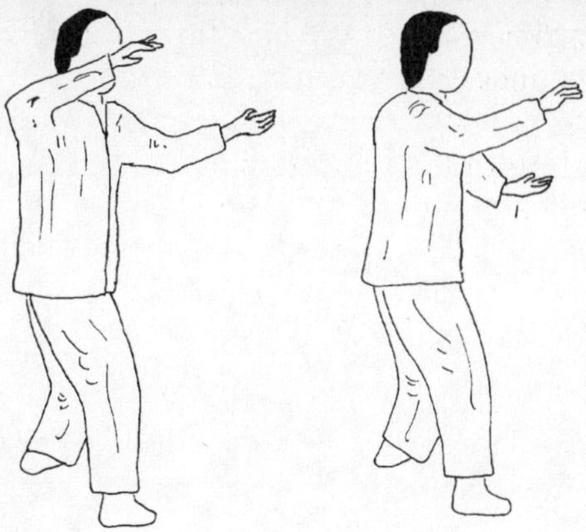

Atmen Sie ein, und drehen Sie die Hüfte mit dem Oberkörper weiter nach links. Als Folge davon wird die rechte Hand mit der Handfläche nach oben gedreht und die linke Hand, mit der Handfläche nach unten, bis etwa in Schulterhöhe angehoben, wobei das Handgelenk ganz locker bleiben soll. Übernehmen Sie das gesamte Gewicht auf den linken Fuß, stellen Sie für einen Augenblick den rechten Fuß auf dem Ballen neben den linken Fuß, und machen Sie mit rechts einen Schritt schräg nach hinten, behalten Sie aber die bei der Drehung eingeschlagene Richtung von Oberkörper, Schultern und Kopf bei.
Verlagern Sie fast das gesamte Gewicht auf den rechten Fuß. Atmen Sie aus, und drehen Sie wieder die Hüfte nach vorne. Lassen Sie als Folge der Hüftdrehung die linke Hand, Handfläche nach unten, von der Schulter im Bogen nach vorne bis in etwa Brusthöhe gleiten, wobei Sie den Arm aber nicht strecken dürfen. Die rechte Hand wird mit der Handfläche nach oben, bis etwa in Bauchhöhe an den Körper herangezogen. Achten Sie darauf, daß der rechte Ellbogen rechts am Körper vorbeigeführt wird (siehe Abb. S. 88 oben).

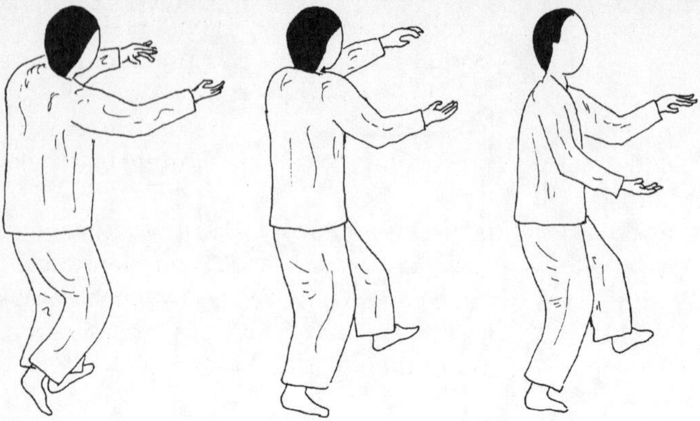

Atmen Sie ein, und drehen Sie die Hüfte mit dem Oberkörper weiter nach rechts. Die linke Handfläche wird wieder nach oben gedreht, die rechte Hand wieder in Schulterhöhe gehoben, Gewicht auf rechts, den linken Fuß auf dem Ballen neben den rechten ziehen und Schritt links nach hinten usw.

Zu Beginn der Schrittfolge müssen Sie besonders darauf achten, daß Sie den doppelten Schritt links nach hinten nicht verpassen. Danach werden die Schritte immer abwechselnd rechts und links nach hinten gesetzt, also genauso etwas versetzt, wie bei der letzten Sequenz. Auch die Drehung aus der Hüfte hat den gleichen Charakter.
Versuchen Sie, sich immer wieder auf die Hüfte zu konzentrieren, und lassen Sie die Bewegungen der Arme und Hände als Folge der Hüftdrehung einfach geschehen. Achten Sie auch darauf, daß Sie niemals die Knie durchdrücken, denn nur so können Sie sanft aber bestimmt von einer Stellung in die andere gleiten.

Wolkenhände

Mit dieser Schrittfolge können Sie sich seitwärts von rechts nach links bewegen.
Stellen Sie Ihre Füße nebeneinander. Die Fersen sind nicht ganz geschlossen, und die Zehenspitzen der Füße zeigen etwas schräg nach vorne. Halten Sie Ihre Arme leicht angewinkelt etwa im rechten Winkel seitlich vom Körper, beide Handflächen zeigen zum Boden. Die Knie sind gebeugt, und das Gewicht ist gleichmäßig auf beide Beine verteilt.
Atmen Sie aus, und lassen Sie sanft die Arme und Hände nach unten sinken. Wenn sich die Hände in Höhe der Oberschenkel befinden, atmen Sie ein, verlagern Sie das Gewicht auf den rechten Fuß, und drehen Sie die Hüfte etwas nach rechts.

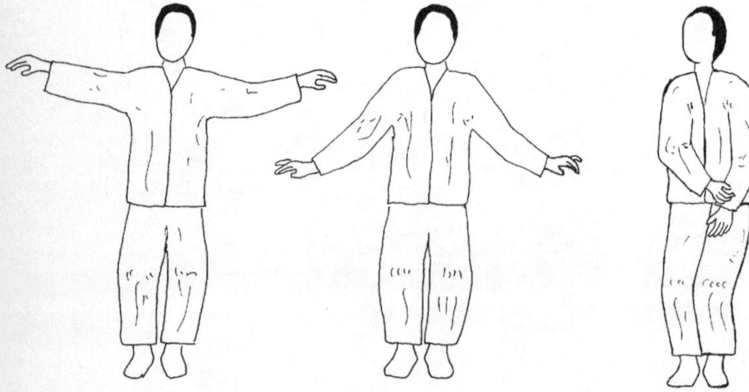

Als Folge davon drehen sich auch der Oberkörper und der Kopf in die neue Richtung, und die rechte Hand fließt in einem kleinen Bogen vom Oberschenkel über den Bauch am Gesicht vorbei nach oben auf die rechte Seite, wobei die Handfläche immer dem Körper zugewandt bleibt. Die linke Hand fließt noch weiter auf die rechte Seite und dann nach oben, etwa bis in Schulterhöhe, die Handfläche ist auch dem Körper zugewandt. Übernehmen Sie jetzt das gesamte Gewicht auf rechts, und machen Sie einen Schritt links zur Seite. Dieser Schritt sollte weder zu groß noch zu klein sein. Ist er zu groß, müßten Sie sich weit zur rechten Seite neigen, um ein Gegengewicht zu schaffen; ist er zu klein, erreichen Sie keinen wirklichen Standortwechsel. Atmen Sie aus, verteilen Sie nach dem Schritt das Gewicht kurz gleichmäßig auf beide Beine, und drehen Sie sofort danach die Hüfte und dann den Oberkörper und den Kopf etwas nach links. Als Folge davon wird die rechte Hand auf der rechten Seite im Bogen von oben nach unten geführt, wobei Sie die Hand so formen, als wenn Sie etwas nach unten ziehen wollten. Der linke Arm folgt der Gewichtsverlagerung und der Hüftdrehung auf die linke Seite, und die Hand wird mit der Handfläche zum Körper am Gesicht vorbeigeführt.

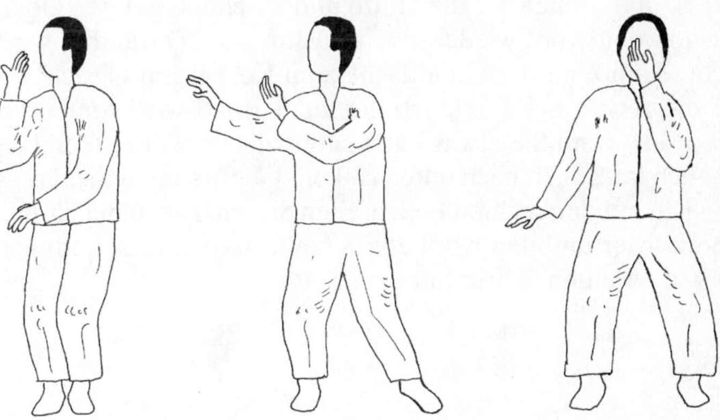

Übernehmen Sie das gesamte Gewicht auf den linken Fuß, und setzen Sie den rechten Fuß neben den linken, ohne dabei jetzt schon das Gewicht auf rechts zu verlagern. Die rechte Hand wird an den Oberschenkeln vorbei ganz auf die linke Seite geführt und steigt an der linken Seite mit der Handfläche zum Körper nach oben (siehe Abb. S. 92 oben).

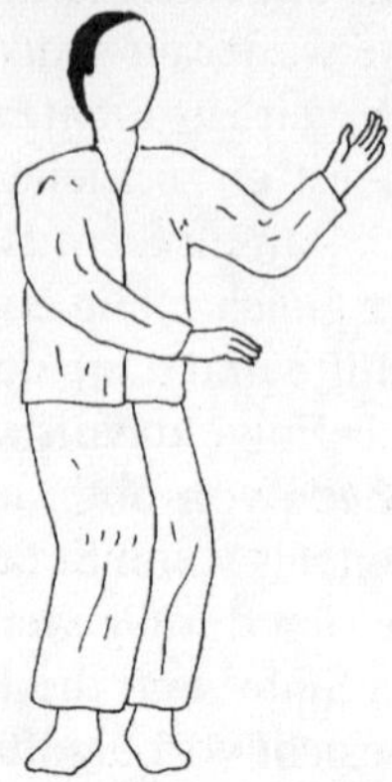

Atmen Sie ein, übernehmen Sie überwiegend das Gewicht auf rechts, und drehen Sie die Hüfte und anschließend den Oberkörper und den Kopf wieder etwas nach rechts. Daraufhin wird die rechte Hand mit der Handfläche zum Körper am Gesicht vorbei auf die rechte Seite geführt, die linke Hand wird wieder so geformt, als wenn Sie etwas nach unten ziehen würden, und lassen sie auch im Bogen nach unten sinken. Übernehmen Sie das ganze Gewicht auf den rechten Fuß, drehen Sie auch noch die Hüfte, den Oberkörper und den Kopf etwas mehr nach rechts, und machen Sie wieder einen Schritt links zur Seite.

Atmen Sie aus, und verteilen Sie das Gewicht gleichmäßig auf beide Beine, die rechte Hand zieht in einem Bogen etwas nach unten, und die linke Hand wird am Gesicht vorbeigeführt usw.

Bei dieser Schrittfolge sollten Sie auf folgende Besonderheiten achten. Wenn Sie sich, ohne die besondere Bewegungsart von TAI CHI zu kennen, seitwärts bewegen, wird das normalerweise recht unbeholfen aussehen, weil Sie höchstwahrscheinlich dabei die Knie fest durchgedrückt lassen. Beugen Sie aber die Knie und versuchen gleichzeitig noch die Schultern immer auf der gleichen Höhe zu halten, bewegen Sie sich nicht nur geschmeidiger, sondern auch viel sicherer und stabiler. Sie vermeiden so auch bei jedem Schritt eine extreme Gewichtsverlagerung auf eine Seite.
Zu dieser Seitwärtsbewegung kommt noch die Hüftdrehung von der rechten auf die linke Seite. Die besondere Schwierigkeit ist dabei, beide Bewegungen so aufeinander abzustimmen und zu koordinieren, daß sie wie eine Bewegung aussehen und auch so empfunden werden, die Hüfte muß hier also eine Art Doppelfunktion erfüllen.
Sie erkennen immer mehr, daß sich die Bewegungsmuster der bisher vorgestellten Schrittfolgen sehr ähnlich sind. Im Grunde genommen ist es vollkommen gleichgültig, welche Richtung die Arme nehmen. Entscheidend ist nur, daß sich nichts verselbständigt, d. h. selbst aktiv wird, sondern alles nur auf die Hüftdrehung passiv reagiert. Wenn Sie das beherzigen, werden Sie dem Namen der Übung gerecht, denn dann bewegen Sie die Hände so, als wenn Sie sie wie auf Wolken absetzen und sanft zur Seite oder nach unten weiterführen würden.

Die Mähne des Pferdes teilen

Mit dieser Schrittfolge können Sie sich in der Hauptrichtung von rechts nach links bewegen. Allerdings ändern Sie nach jedem Schritt subjektiv Ihre Richtung nach einer Drehung um 180 Grad. Stellen Sie in der Ausgangsposition Ihre Füße nebeneinander. Die Fersen sind nicht ganz zusammen, und die Zehenspitzen der Füße zeigen etwas schräg nach vorne. Halten Sie Ihre Arme leicht angewinkelt etwa im rechten Winkel seitlich vom Körper, beide Handflächen zeigen zum Boden. Die Knie sind gebeugt, und das Gewicht ist gleichmäßig auf beide Beine verteilt.
Atmen Sie aus, lassen Sie beide Arme langsam nach unten sinken und sich überkreuzen, wobei der linke Arm vor dem rechten schwingt.

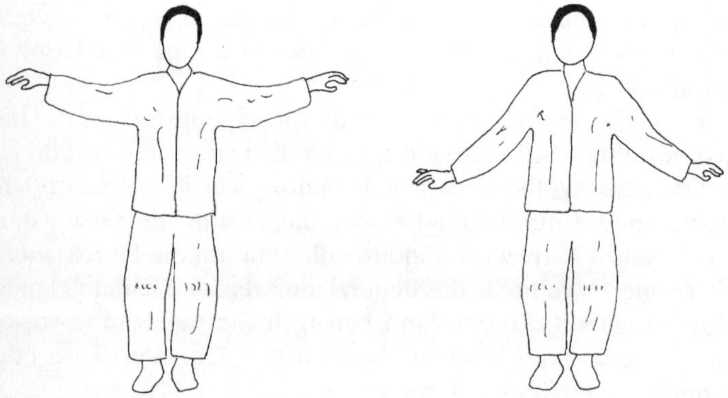

Atmen Sie ein, verlagern Sie das Gewicht nach links, und machen Sie einen Schritt rechts zur Seite, wobei der rechte Fuß etwa im rechten Winkel zum linken Fuß aufgesetzt werden soll. Lassen Sie die Stellung der Hüfte, des Oberkörpers und des Kopfes unverändert. Erst wenn das Gewicht nach rechts verlagert ist, atmen Sie aus und drehen Sie die Hüfte, dann den Oberkörper und den Kopf in die Richtung des rechten Fußes. Als Folge der Drehung fließt der rechte Arm, die Handfläche wird nach außen gedreht, und der Daumen zeigt nach oben, aufwärts, der linke Arm schwingt mit der Handfläche nach unten wieder zurück, etwa so, als wenn Sie etwas nach unten ziehen würden.

Bevor beide Arme im Totpunkt angekommen sind, atmen Sie ein, verlagern Sie wieder das Gewicht auf den linken Fuß, und drehen Sie auch wieder die Hüfte, den Oberkörper und den Kopf etwas nach links zurück. Durch diese Richtungsänderung, die so aussieht, als wenn Sie für das Folgende einen neuen Anlauf nehmen würden, schwingt die rechte Hand, nachdem sie im vorderen Totpunkt einen kleinen Bogen beschrieben hat, wieder zurück, der linke Arm bewegt sich unverändert weiter. Ziehen Sie den rechten Fuß für einen kurzen Augenblick an den linken Fuß heran, beschreiben mit ihm eine Drehung um 90 Grad, also etwa so wie bei einem Menuettschritt, und setzen ihn an die gleiche Stelle wie vorher auf. Übernehmen Sie danach sofort das Gewicht auf den rechten Fuß, und setzen Sie den linken Fuß daneben. Drehen Sie auch die Hüfte, den Oberkörper und den Kopf in die neue Standposition.

Ihre Blickrichtung ist jetzt der Ausgangsstellung entgegengesetzt.

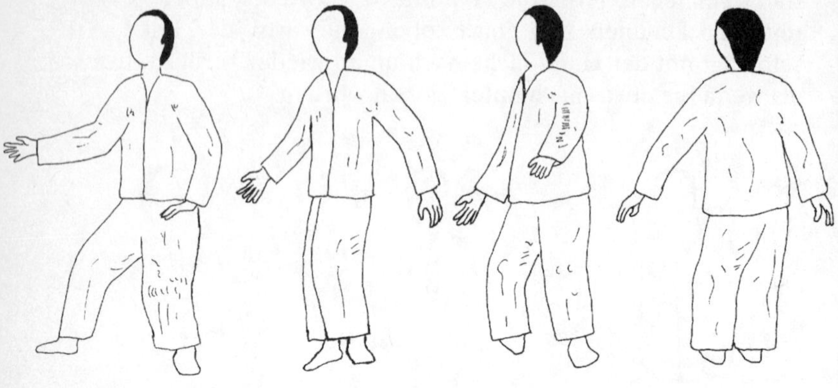

Bedingt durch diese schon erhebliche Drehung, fließt der rechte Arm vor den Körper, die Stellung der Handfläche bleibt unverändert und zeigt deshalb jetzt zum Körper, auf der rechten Seite nach oben bis etwa in Schulterhöhe, wo sich die Handfläche nach unten dreht. Die linke Hand folgt in einem großen Bogen der Drehung. Bevor diese Bewegung auszuklingen droht, geben Sie dem Ganzen wieder neuen Schwung, indem Sie links einen Schritt zur Seite machen und den Fuß etwa im rechten Winkel zum rechten Fuß aufsetzen. Verlagern Sie das Gewicht auf links, atmen Sie aus, und drehen Sie dann die Hüfte in die neue Richtung. Dieser Drehung folgen wieder der Oberkörper und der Kopf. Danach fließt die linke Hand, mit der Handfläche nach außen, an den Oberschenkeln vorbei aufwärts, die rechte Hand, jetzt inzwischen bei der linken Schulter angelangt, wird mit der Handfläche nach unten gedreht und so abwärts geführt, als wenn Sie etwas hinunterziehen würden.

Bevor beide Arme im Totpunkt angekommen sind, atmen Sie ein, verlagern Sie wieder das Gewicht auf den rechten Fuß, und drehen Sie auch wieder die Hüfte, den Oberkörper und den Kopf etwas nach rechts zurück. Durch diese Richtungsänderung, die so aussieht, als wenn Sie für das Folgende einen neuen Anlauf nehmen würden, schwingen beide Hände wieder zurück (siehe rechts oben).

Ziehen Sie den linken Fuß für einen kurzen Augenblick an den rechten Fuß heran, und setzen Sie ihn nach einer Drehung von 90 Grad, also etwa so wie bei einem Menuettschritt, an der gleichen Stelle wieder auf. Übernehmen Sie danach sofort das Gewicht auf den linken Fuß, und setzen Sie den rechten Fuß daneben. Ihre Blickrichtung ist jetzt der vorherigen Stellung entgegengesetzt.

Bedingt durch diese schon sehr erhebliche Drehung, fließt der linke Arm vor dem Körper, die Stellung der Handfläche bleibt unverändert und zeigt deshalb jetzt zum Körper, auf der linken Seite nach oben, wo sich die Handfläche nach unten dreht. Die rechte Hand folgt in einem großen Bogen dieser Drehung. Bevor diese Bewegung auszuklingen droht, geben Sie dem Ganzen wieder neuen Schwung, indem Sie rechts einen Schritt zur Seite machen und den Fuß etwa im rechten Winkel zum linken Fuß aufsetzen usw.

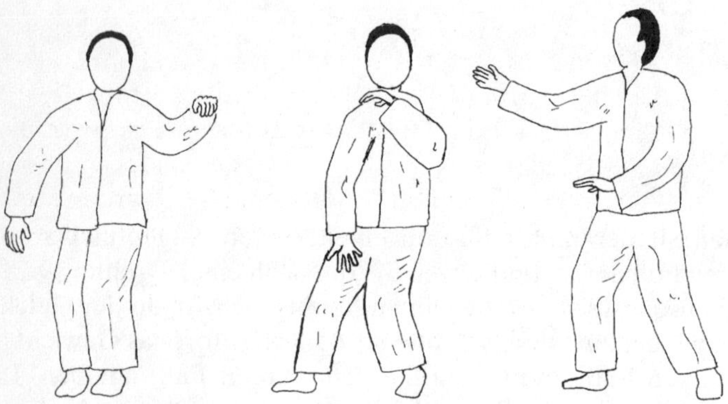

Die Schwierigkeit dieser Schrittfolge liegt darin, den besonderen Rhythmus zu erkennen und nachzuvollziehen. Sie erfordert darüber hinaus die besondere Sensibilität für TAI CHI-spezifische Abläufe und Bewegungsmuster. Haben Sie einmal diesen Rhythmus gefunden, eröffnen sich Ihnen nicht nur die natürliche Anmut und Schönheit, sondern auch die ungeheure Vielfalt und Dynamik gerade dieser Sequenz. Spätestens bei dieser Schrittfolge liegen aber auch die Grenzen dessen, was man sich auf Grund einer Beschreibung vielleicht noch selber aneignen kann.

Schrittfolgen mit Partner

Wenn man sich bei den Schrittfolgen schon einigermaßen sicher fühlt, kann man die zweite und die dritte zusammen mit einem Partner ausführen, wobei sich der eine vorwärts und der andere rückwärts bewegen muß.
Wählen Sie dazu als Ausgangsposition die in Bild 1 dargestellte Stellung, also so, als wenn jeder der Partner bereits einen Schritt aus seiner Schrittfolge vollendet hätte.
Wenn jetzt der linke stehende Partner sein Gewicht auf links verlagert, die Arme nach hinten schwingen läßt, den rechten Fuß auf der Ferse nach außen dreht, das Gewicht auf rechts übernimmt, den linken Fuß neben den rechten setzt und beide Arme nach oben schwingen läßt, übernimmt gleichzeitig der ihm gegenüberstehende Partner sein gesamtes Körpergewicht nach links, hebt langsam das rechte Bein, hebt den rechten Arm mit dem Ellbogen und der Handfläche nach außen und dreht die linke Handfläche zum Gesicht mit den Fingerspitzen nach oben (Bild 2).

1

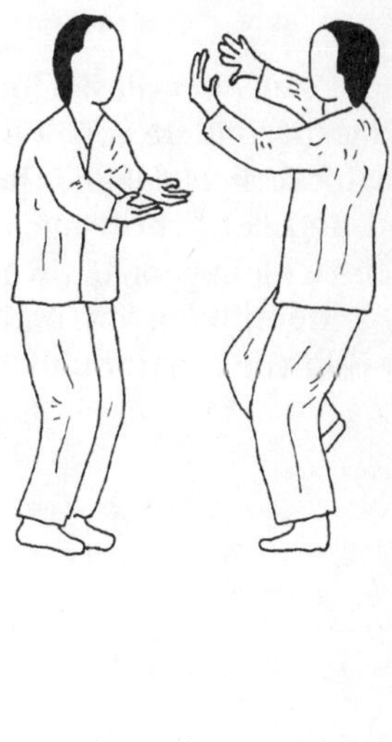

2

Gleichzeitig machen beide Partner dann den Schritt nach vorne bzw. nach hinten und verlagern ihr Körpergewicht nach vorne bzw. nach hinten, dann drehen sich beide Partner in der Hüfte nach vorne und lassen gleichzeitig ihre Arme und Hände in die bereits beschriebene Richtung fließen, so daß sich jetzt die rechten Hände wie auf Bild 3 berühren.

3

Damit sich aber diese Übung in einem ständigen Fluß wiederholt und insbesondere von den Beteiligten auch so empfunden wird, ist es erforderlich, daß die Bewegungen fein aufeinander abgestimmt sind und der Schritt nach vorne und nach hinten weder zu groß noch zu klein gemacht wird. Das Ganze sieht wie ein Tanz aus einer anderen Welt aus, und einem uneingeweihten Betrachter wird ein Bild von innerer und äußerer Harmonie vermittelt.

Das besondere Bewegungsprinzip beim TAI CHI

Wenn Sie noch einmal die Beschreibungen der Schrittfolgen Revue passieren lassen, wird Ihnen aufgefallen sein, daß exakte Angaben darüber, wie hoch z. B. eine Hand gehoben werden mußte, wann auf den Bruchteil einer Sekunde genau die Gewichtsverlagerung, die Hüftdrehung oder der Schritt gemacht werden mußte, fehlten. Statt dessen tauchten vielmehr Begriffe auf wie ‹etwa›, ‹einen Augenblick›, ‹überwiegend›, ‹ungefähr›. Das hängt einfach damit zusammen, daß es beim TAI CHI keine ‹Positionen› oder ‹Stellungen› im eigentlichen Sinne gibt, sondern die gesamte Form besteht aus sogenannten Bewegungsbildern, die ohne Pause nahtlos ineinander übergehen.
Um das rein handwerkliche Erlernen einer TAI CHI-Form zu erleichtern, kann man sich zusätzliche Hilfen schaffen, die das Prinzip der besonderen Bewegung deutlicher machen. Haben Sie einmal dieses Prinzip verstanden und am eigenen Körper erfahren, ist es vollkommen egal, ob Sie diese oder jene Stilrichtung lernen wollen oder bereits gelernt haben. Ja, ich möchte sogar so weit gehen und behaupten, daß Sie selbst nach langen Jahren des Übens eigene TAI CHI-ähnliche Bewegungsmuster erfinden könnten.
Um Ihnen die besondere Bewegungsart von TAI CHI näherzubringen, möchte ich mich mit Ihnen in vertrauter Umgebung bewegen, das heißt, ich möchte Ihnen andere verständliche Bilder anbieten, die wieder Ihre Phantasie anregen und Sie aber auch dazu verleiten sollen, diese Bilder in die TAI CHI-Bewegung mit einzubeziehen und umzusetzen.
Der immerwährende Bewegungsfluß beim TAI CHI bedarf ständig neuer Bewegungsimpulse, die für einen Uneingeweihten kaum oder gar nicht mehr zu erkennen sind. Dabei scheint die Bewegung für nur einen kurzen Augenblick, weil neu initiiert, schneller zu werden und anschließend wieder abzuebben. Sie er-

folgt, wenn Sie so wollen, gleichsam in einer schier unendlichen Wellenlinie.
Das Bild des Reiters, der beim Traben immer wieder aus dem Sattel nach oben schnellt, sollte Ihnen ein solches Impulsgeben verdeutlichen. Wenn der Reiter in den Sattel zurücksinkt, ist er eher passiv, läßt also diese Bewegung geschehen. Genauso müssen Sie beim TAI CHI nach dem Anstoß für eine neue Bewegungsfolge oder neue Richtung sich eher passiv verhalten und die Bewegung einfach fließen, einfach geschehen lassen. Sie müssen entsprechend dem Ansteigen und Abfallen der Wellenlinie im rechten Augenblick aktiv und dann wieder passiv sein, ohne dabei die Kontrolle über das Ganze zu verlieren.
In diesen Zusammenhang paßt auch sehr gut das Bild des Jojo-Spielens. Sie erreichen ein beständiges Auf und Ab Ihres Jojos nur dann, wenn Sie, bevor das Jojo unten im toten Punkt angekommen ist, schon wieder den Faden nach oben ziehen, also einen neuen Impuls geben, bevor der alte ausgeklungen ist. Das Herausfinden des tatsächlich auf den Bruchteil einer Sekunde abgestimmten Zeitpunktes ist hier besonders wichtig, und diesen Zeitpunkt müssen Sie spüren. Denn wenn Sie nach dem ersten Herunterrollen des Jojos den Faden ruhig in der Hand halten, wird nach kurzer Zeit die Bewegung beendet sein. Geben Sie den Impuls zu früh oder zu spät, können Sie das Jojo zwar länger als vorher auf und ab tanzen lassen, aber dann wird es unweigerlich zum Stillstand kommen.
Beim Schaukeln verhält es sich ganz ähnlich. Um entweder immer höher zu schaukeln oder ständig die gleiche Höhe beizubehalten, ist es auch hier erforderlich, im genau richtigen Zeitpunkt Schwung zu holen und sich im genau richtigen Zeitpunkt einfach tragen zu lassen.
Der Elefantenrüssel und das Bild mit der Menschenkette sollten Sie mit dem Peitscheneffekt vertraut machen und damit eine andere Seite der typischen TAI CHI-Bewegung verdeutlichen. TAI CHI sieht nicht nur deshalb geschmeidig und fließend aus, weil es langsam ausgeübt wird. Das, was die Bewegung weich und harmonisch aussehen läßt, ist auch der Peitscheneffekt, der allen Bewegungen die Ähnlichkeit eines sich im Wind wiegenden Korn-

feldes verleiht oder wie Wasserpflanzen aussehen läßt, die durch die Strömung sanft hin- und herbewegt werden.
Der letzte und wichtigste Aspekt der besonderen Bewegung beim TAI CHI ist die Rundheit. Diese kann nur erreicht werden, wenn die unverbrauchte Kraft aus dem Zentrum, also aus der Hüfte, wieder zur Mitte zurückfließt. Denken Sie einmal an einen Hammerwerfer. Er dreht sich erst langsam, dann immer schneller werdend um die eigene Achse und wird damit zum Zentrum des Kreises, den der Hammer beschreibt. Die von ihm aufgewandte Energie, trotz der Fliehkraft in der Mitte des Wurfringes stehenzubleiben und die Kontrolle über sich und damit über den Hammer zu behalten, wird mit zunehmender Geschwindigkeit immer größer. Die Kräfte, die von der Mitte nach außen wirken, und die Kräfte, die von außen nach innen zurückkommen, nehmen zwar beständig zu, sorgen aber dafür, daß er in seinem Wurfkreis bleiben kann.
Bei dem Bild der Menschenkette wurde gesagt, daß das Zentrum nur dann stabil bleiben kann, wenn die Kraft aus der Mitte maßvoll an die einzelnen Kettenglieder weitergeleitet wird. Die unverbrauchte Kraft der einzelnen Kettenglieder fließt aber zur Mitte zurück. Wenn beim Hammerwurf die abgehenden und die zurückfließenden Kräfte nicht mehr im Gleichgewicht sein sollen, erfolgt fast explosionsartig der Wurf.
Genauso verhält es sich bei der Menschenkette. Wird aus der Mitte zu sehr das Tempo gesteigert und können sich die einzelnen Mitglieder nicht mehr festhalten und dadurch ihre unverbrauchte Kraft nicht mehr zurückgeben, löst sich die Kette auf.
Genauso wie der Hammerwerfer nach seinem Wurf versuchen muß, im Kreis stehenzubleiben, wird auch bei der Kette derjenige in der Mitte, also das Zentrum, versuchen müssen, stabil zu bleiben.
Hätte der Hammerwerfer in jeder Hand einen Hammer oder gar mehrere, oder hätte derjenige im Zentrum der Kette an jeder Hand eine oder mehrere Ketten, müßten in beiden Fällen in den jeweiligen Zentren ungeheure Kräfte angesammelt sein, je schneller sich die Akteure drehen würden.

Ein Körper, bei dem dieses Kräftespiel auf natürliche Weise und deshalb perfekt anzutreffen ist, ist eine Kugel.
Nehmen Sie als Beispiel ein zerbrochenes Fieberthermometer. Das Quecksilber wird sich sofort in vielen kleinen Kügelchen über den Boden verteilen. Jede Kugel besteht aus beliebig vielen Molekülen, die einander anziehen. Gleichzeitig strebt aber die Kohäsionskraft aller Moleküle, egal an welcher Stelle sie sich befinden, zum gemeinsamen Mittelpunkt. Erst wenn die Oberfläche am kleinsten geworden ist, ist die Kugel perfekt. Es gibt keine exponierte Stelle mehr, jeder Punkt der Oberfläche ist gleich weit vom Zentrum der Kugel entfernt.
Wenn Sie das Quecksilberkügelchen an irgendeiner Stelle etwas anstoßen, wird es sich bewegen. Dabei können Sie für jede gedachte Linie vom Mittelpunkt zur Oberfläche der Kugel bildlich gesehen das gleiche Prinzip wie beim Hammerwerfer oder bei der Menschenkette anwenden. Je weiter ein Punkt vom Zentrum entfernt ist, desto größer ist seine Geschwindigkeit und desto größer ist der Weg, den er zurücklegen muß. Ist ein Punkt dem Zentrum sehr nahe, bewegt er sich langsamer und auch der von ihm zurückzulegende Weg wird kleiner. Im Zentrum selbst ist Ruhe. Trotzdem ist hier die Summe aller Kräfte der gedachten Ketten angesammelt. Würde das nicht zutreffen, könnte die Kugelgestalt nicht beibehalten werden.

Wenn Sie dieses Prinzip auf die Bewegung beim TAI CHI übertragen, so ergibt sich daraus, daß das Zentrum aller Bewegungen die Hüfte ist. Die Kraft, die Sie aus der Hüfte nach außen, insbesondere an Ihre Hände und Füße weiterleiten, wird in Bewegung umgesetzt. Die nicht verbrauchte Kraft oder Energie fließt wieder in die Hüfte zurück.
Alle Bewegungen müssen so wohl dosiert ausgeführt werden, daß Sie nicht wie der Hammerwerfer oder die Person im Zentrum der Menschenkette aus dem Gleichgewicht geraten.
Am besten läßt sich das in der Form verwirklichen, wenn Sie sich vorstellen, in einer großen Kugel zu stehen. Dadurch werden automatisch alle Bewegungen rund und wohl ausgewogen, und kein Körperteil kann eine exponierte Haltung einnehmen.

Auf der anderen Seite ist bei dieser Vorstellung aber auch gewährleistet, daß die Extremitäten nicht ängstlich am Körper kleben bleiben. Die Arme sollen immer in der Form gehalten werden, daß unter den Achseln noch ein Tennisball Platz haben könnte. Dadurch werden alle Bewegungen großzügig ausgeführt und sehen rund aus. Alle Aktionen erscheinen maßvoll und wirken nicht übertrieben. Selbst unterschiedlich lange Wege der Arme und Beine und dadurch bedingte verschiedene Geschwindigkeiten verstärken diesen harmonischen Gesamteindruck. Sicherlich trägt auch die besondere Stellung der Beine zum runden Gesamtbild bei. Sie sollten stets darauf achten, daß die Knie nicht zusammengedrückt werden. Ziel soll sein, die Knie so weit nach außen zu bringen, daß sie sich möglichst immer in gerader Linie mit Ihren Füßen befinden. Das Beachten dieses scheinbar unwichtigen Punktes sichert in besonderem Maße Ihre Stabilität. Dabei verhindern Sie auch gleichzeitig, daß Sie zu schwungvoll oder zu übertrieben Bewegungen nachgeben und dadurch wieder Ihre Mitte verlieren. Weiterhin sollten Sie darauf achten, daß die Drehungen des Oberkörpers immer zusammen mit den Schultern und dem Kopf ausgeführt werden. Mit dieser einheitlichen Drehung bestimmen Sie das Ausmaß und die Richtung der Armbewegungen. Wenn Sie noch einmal an die Schrittfolgen denken, so geben Sie unter keinen Umständen der Versuchung nach, schon vorher in die Richtung zu sehen, in die Sie Ihre Arme und Hände führen und lenken wollen.

Das Prinzip der Bewegung in einer gedachten rotierenden Kugel können Sie sehr schön beim Tanzen beobachten. Am augenscheinlichsten wird es beim klassischen Wiener Walzer. Der gemeinsame Mittelpunkt der Tänzer, die Hüften, stehen sehr eng beieinander. Dadurch wird das Zentrum auf ein Minimum reduziert. Zu Beginn des Tanzes sind von diesem Punkt die Oberkörper weit nach hinten geneigt. Die ausgesprochen runde Armhaltung fügt sich harmonisch in das immer mehr entstehende runde Gesamtbild ein. Wenn sich jetzt das Paar im schwingenden Takt über die Tanzfläche bewegt, scheint es fast schwerelos zu gleiten, man könnte sogar sagen zu rollen. Der Eindruck einer rollenden

Kugel wird für den Zuschauer durch das wohlausgewogene Setzen der Beine, die jetzt auch V-förmig von der Mitte wegzustreben scheinen, verstärkt. Viele Paare betonen die Rotation und damit die Kugelform noch dadurch, daß sie zusätzlich ihre Oberkörper um die gemeinsame Mitte ‹rollen›. Wen wundert es, wenn spätestens jetzt der Vergleich angeführt werden kann, daß auch TAI CHI wie ein Tanz um die eigene Mitte sein kann.

Allen in diesem Kapitel aufgeführten Bildern ist gemeinsam, daß bei ihnen die Bewegungen schnell ausgeführt wurden. Bei TAI CHI soll aber eine einmal gewählte Geschwindigkeit oder besser gesagt Langsamkeit, beibehalten werden. In den klassischen Schriften über TAI CHI wird der immer gleichbleibende Bewegungsfluß mit dem Ziehen eines Seidenfadens aus einem Kokon verglichen. Zieht man zu heftig, reißt der Faden, zieht man zu langsam, löst er sich nicht aus dem Kokon. Das sich immer wiederholende neue Ansetzen zum Ziehen des Fadens entspricht dem oben aufgeführten Anwerfen des Motors für die TAI CHI-Bewegung. Jeder neue Zug einerseits und jeder neue Ansatz für eine Bewegung andererseits verlangen so viel Feingefühl, daß sie kaum noch wahrgenommen werden können. Es gibt keine Steigerung oder gar explosionsartiges Freisetzen der Kräfte, sondern es soll versucht werden, die Kräfte in ausgewogener Harmonie zu halten und zu kontrollieren.
Sie können die Liste vergleichbarer Bilder beliebig fortsetzen. Auch wenn die manchmal recht einfachen Bilder zur eigenen Bewegung geradezu auffordern, bedarf es beim Üben trotzdem immer noch sehr viel Phantasie und sehr viel Geduld.
Vielleicht fallen Ihnen zusätzlich ganz andere Bilder ein, die die besondere Bewegung noch besser charakterisieren. Anfangs werden Sie sicherlich das Umsetzen der Bilder übertreiben. Lassen Sie sich dadurch nicht aus der Ruhe bringen, wenn das in den Augen eines Betrachters schon mal etwas komisch aussehen kann. Mit zunehmender Übung läßt aber die Übertreibung automatisch nach. Ziemlich schnell werden Sie die Gesetzmäßigkeiten und die Richtigkeit der dargestellten Bilder erkennen und bei Ihren Bewegungen spüren können. Ihr Bewegungsfluß wird immer

runder, und man könnte etwa so sagen, daß sich dadurch immer wieder neue, nicht sichtbare Kreise erzeugen, in deren Mitte immer nur Sie als Zentrum und ruhender Pol stehen. Dann bestimmen Ruhe und Harmonie Ihr Handeln und Denken. Diese Körpererfahrung in Verbindung mit der geistigen Entspannung und einem allgemeinen Wohlbefinden macht das eigentliche TAI CHI aus.
In diesem Bereich liegen aber auch die Grenzen zu einem mehr vergeistigten TAI CHI. Dazu müßten andere Bilder als die bisher aufgeführten geschaffen und nachempfunden werden, um vielleicht eine andere Art von Meditation erreichen zu können. Dazu bedarf es sicherlich eines jahrelangen intensiven Trainings. Sie können sich jetzt vielleicht ein kleines Bild von TAI CHI machen, von der Art und Weise der Bewegung und vielleicht auch von dem ständigen Bemühen des Ausführenden, einen Bewegungsfluß zu erreichen, der als ausgesprochen harmonisierend empfunden wird. In dem Augenblick, wo Sie dieses Ziel erreicht haben, empfindet auch ein Zuschauer TAI CHI ebenso wie Sie.

TAI CHI lernen und erleben

Wenn Sie bereits TAI CHI machen, kann ich mir sehr gut vorstellen, daß Sie wie jeder andere auch mit allen möglichen Schwierigkeiten zu kämpfen hatten, daß auch Sie verzweifelt waren und nicht schon nach der ersten Stunde mit einem wonnigen Gefühl nach Hause gegangen sind. Was ich immer suchte, waren handfeste Hinweise oder Hilfen, die mir bestätigten ‹so ist das richtig› oder ‹hier mußt du was ändern›, oder ‹genau diese Erfahrung habe ich auch gemacht›, oder einfach ‹da mußt du durch›. Ich halte es gegenüber dem Leser und dem vielleicht angehenden TAI CHI-Aspiranten für bedenklich und einfach für unfair, wenn ihn ein TAI CHI-Buch zu fast weihevoller Ehrfurcht erstarren läßt.
Alle schönen Beschreibungen sind nutzlos, wenn nicht das Gefühl vermittelt werden kann, daß es sich bei TAI CHI um eine Bewegungskunst handelt, die eigentlich von jedem, der wirklich will, erlernt werden kann.
Deshalb möchte ich in diesem Kapitel versuchen, Ihnen nicht nur von meinen kleinen Niederlagen, sondern auch über meine Erfolge zu berichten. Ob die Niederlagen selbst verursacht und dadurch schon vorgezeichnet waren, oder ob es Erfolge über mich selbst oder über TAI CHI waren, mögen Sie selbst beurteilen. Wichtig ist mir dabei, daß Sie von meinen Fehlern und meinen Erfahrungen profitieren können. TAI CHI ist ein durchaus ernstzunehmender ‹Sport›, der zwar von Ihnen Einsatz, Training und viel Ausdauer verlangt, Ihnen aber dafür ein vollkommen neues Körperbewußtsein vermitteln kann und Sie nicht nur in bezug auf sich selbst, sondern für weite Bereiche des täglichen Lebens viel sensibler machen wird. Mit zunehmender Übung werden auch Sie die wohltuende geistige und körperliche Entspannung bemerken, die man TAI CHI nachsagt.

Ich hatte mir einen neuen Jogginganzug gekauft und war auf die erste Stunde sehr gespannt. Das einzige, was ich über TAI CHI wußte, war, daß es sich um langsame, fast zeitlupenartige Bewegungen handelte, die Kung Fu oder Karate sehr ähnlich sein sollten. Da ich die Bewegungsabläufe dieser beiden Sportarten als besonders harmonisch und ästhetisch empfinde, war das wohl der Hauptgrund für mich, es mit TAI CHI versuchen zu wollen.
Am Tage der ersten Unterrichtsstunde fanden wir uns in einer kleinen Gruppe von etwa zwölf Männern und Frauen zusammen. Auch vom Alter her war die Gruppe sehr gemischt. Alle waren äußerst bunt gekleidet, nur unser Lehrer erschien in dem schwarzen TAI CHI-Anzug. Nach der Begrüßung gab es eine kleine Einführung in die Bewegungskunst TAI CHI, und dann ging es auch schon los.
Die notwendige Auflockerungsgymnastik bestand aus kleineren Übungen, bei denen ich mich wieder einmal darin bestätigt fühlte, wie sportlich ich doch war. Die folgende Übung, die als Einstimmung auf TAI CHI gedacht war, sah so aus, daß wir etwas langsamer als normal gehen sollten.
Wichtig war auch, daß dabei die Arme ganz locker und entspannt an den Seiten hängen blieben. Ziel der Übung sollte sein, daß sich bei diesem Gehen die Arme, vorausgesetzt sie waren wirklich locker, automatisch der Bewegung anpaßten und dadurch sanft hin- und herpendeln konnten.
Zu meiner großen Überraschung war ich aber dazu gar nicht in der Lage, denn ich war dermaßen auf meine Arme konzentriert, daß ich sie beim Gehen nicht einfach hängen ließ, sondern mit ihnen bewußt, also aktiv, betont sanfte Bewegungen machte, die meinem Verständnis von Entspannung entsprachen.
Das Ergebnis war enttäuschend, denn diese recht einfache Bewegung, die, wenn man sie natürlich geschehen läßt, als leicht und harmonisch empfunden wird und auch genauso aussieht, ließ mich vollkommen verkrampfen. Verstohlen blickte ich zu den anderen und stellte fest, daß kaum ein Teilnehmer diese Übung richtig ausführte. Bei zwei Personen konnte man mit viel Wohlwollen erkennen, daß sie sich tatsächlich ruhig und mit den Armen hin- und herpendelnd bewegten. Der Rest kämpfte mit ähnlichen

Schwierigkeiten wie ich selbst. Je mehr ich versuchte, nun doch endlich locker zu werden, desto angespannter wurde ich.
Um die bei dieser Übung aufgetretenen Verspannungen sofort wieder zu beseitigen, machten wir eine andre Auflockerungsgymnastik. Dazu stellten wir uns im Kreis auf, beugten leicht die Knie und ließen die Arme links und rechts zur Seite schwingen. Dabei konzentrierte ich mich wie selbstverständlich auf die Hüfte und erreichte damit, daß Schultern, Arme und Hände wieder locker wurden und somit entspannt zur Seite schwingen konnten.
Eine andere Übung war in meinen Augen ebenfalls mehr als einfach. Es handelte sich auch wieder um eine langsame Schrittfolge ohne Armbewegung (siehe S. 72). Das Besondere war, daß jetzt großes Augenmerk auf die Gewichtsverlagerung gelegt werden sollte. War das Gewicht auf dem hinteren Bein, mußte der vordere Fuß erst auf der Ferse nach außen gedreht und danach das gesamte Gewicht auf diesen Fuß übernommen werden. Ehrlich gesagt kam ich mir etwas albern dabei vor, immer wieder das Gewicht von einem Bein auf das andere zu verlagern und gleich einem Betrunkenen hin und her zu pendeln. Ich wollte endlich damit anfangen, TAI CHI zu lernen! Meine Gehversuche müssen wohl entsprechend lustlos ausgesehen haben, denn ständig kam mein Lehrer zu mir und machte mich auf alle möglichen Dinge aufmerksam, auf die ich achten sollte. Anfangs verstand ich gar nicht, was er überhaupt meinte, konnte ich doch zwischen seinem und meinem Gehen keinen Unterschied feststellen.
Dann aber fiel mir auf, daß seine Schultern und sein Kopf immer die gleiche Höhe beibehielten. Wenn ich aber das hintere Bein heranzog, richtete ich mich immer etwas auf, und wenn ich den Schritt nach vorne machte, hatte ich auch schon mein Gewicht auf das vordere Bein verlagert.
Irgendwie stimmte mein gesamtes Timing nicht. Auch wenn sich mein Lehrer in die neue Schrittrichtung drehte, erschien mir die Drehung anders zu sein, sie wirkte stark, zugleich aber wohl ausgewogen und sanft. Geschmeidig setzte er seine Füße auf, bei mir dagegen wirkte der gesamte Bewegungsablauf eher plump und schwerfällig. Die Schrittfolge hatte bei ihm einen ihr eigenen Fluß und Rhythmus, den ich einfach nicht durchschauen konnte. Sooft

ich versuchte seinem Beispiel zu folgen, mißlang es mir jedesmal. Statt dessen wurden meine Gehversuche immer angestrengter und verkrampfter. Durch den Versuch, immer besonders tief gehen zu wollen, begannen mir allmählich die Oberschenkel zu schmerzen, etwa so, als wenn sich zu allem Elend auch noch ein Muskelkater ankündigen wollte.

Ich war mit meinem Latein am Ende, hatte einfach keine Lust mehr und war ziemlich frustriert. Wenn das TAI CHI sein sollte, so fragte ich mich, wo blieben denn die eleganten und geschmeidigen Bewegungen, die ich beim Kung Fu und Karate so sehr bewunderte? Außerdem, wenn wir in dem Tempo weitermachen würden, könnte das Jahre dauern, bis ich einige mir angenehme Bewegungen gelernt hätte, geschweige denn, jemandem vormachen könnte.

Für mich stand so gut wie fest, daß TAI CHI wohl doch nicht das war, was ich mir vorgestellt hatte.

Ich muß vielleicht hierzu erklären, daß ich zu dieser Zeit gerade den 2. Dan in Judo bestanden hatte und mich körperlich äußerst fit fühlte. Geradezu vor Kraft strotzend war ich zum Unterricht erschienen und mußte feststellen, daß mir diese Kraft nichts nützte, daß sie beim TAI CHI sogar eher hinderlich war.

Wenn ich mir im nachhinein einige andere Teilnehmer vorstelle, wie sie zum Teil ohne Schwierigkeiten und wie selbstverständlich die Übungen viel besser als ich nachvollziehen konnten, so waren es gerade die in meinen Augen eher Unsportlichen gewesen, die offensichtlich viel mehr Vergnügen am Unterricht und auch ein ganz anderes Erfolgserlebnis als ich gehabt hatten.

Am nächsten Tag hatte ich tatsächlich einen Muskelkater in den Beinen, der weit über das, was ich nach einem intensiven Judotraining zu erwarten gehabt hätte, hinausging. Dieser Umstand ärgerte mich ungemein, denn ich konnte mir das gar nicht erklären. Nachdem sich der erste Frust gelegt hatte, ertappte ich mich dabei, wie ich immer noch verbissen, aber bei weitem schon weniger verbiestert versuchte, die Übungen des Vortages zu wiederholen.

Ich fing mit dem Armeschwingen an, das mir beim Unterricht ganz gut gelungen war, und versuchte, mir das Gefühl der Ent-

spannung zu bewahren, um anschließend das langsame Gehen zu wiederholen. Ich hatte zwar immer noch nicht den gewünschten Erfolg, aber das war wohl nicht das Ausschlaggebende.
Rückblickend finde ich die Tatsache viel wichtiger, daß ich überhaupt übte, und es begann mir obendrein auch noch Spaß zu machen. Mehrmals täglich ging ich langsam in der Wohnung auf und ab, immer das Bild meines Lehrers vor Augen, wie leicht er über den Boden geglitten war. Bis zur nächsten Unterrichtsstunde hatte ich das Gefühl, diesem Bild etwas nähergekommen zu sein.
Zu meinem Erstaunen waren an diesem Tag alle Teilnehmer der ersten Stunde wieder anwesend, obwohl ich geschworen hätte, daß zumindest die Hälfte nicht wieder erscheinen würde.
Zwischenzeitlich hatte sich jemand ein Buch über TAI CHI besorgt, das natürlich schnell herumgereicht wurde. Jeder wollte einen Blick hineinwerfen, um zu erfahren, wie es weitergehen würde. Beim Durchblättern fiel sofort auf, daß sich mehrere Kapitel mit der Geschichte, der Philosophie und der Gesundheit befaßten, aber auch einige Abbildungen von bestimmten Stellungen mit reizvoll klingenden Namen waren zu finden. Allerdings war nichts von dem zu entdecken, was wir bisher geübt hatten. Nicht nur ich war verblüfft, sondern wir alle waren dadurch auch etwas verunsichert.
Im Unterricht wurde aus der Schrittfolge ohne Armbewegung eine Schrittfolge mit dem Namen ‹Schritt nach vorne und ein Knie streifen›, bei der jetzt der ganze Körper in Bewegung war.
Es war einfach zum Verzweifeln! Ich glaubte unendlich viele Arme und Beine zu besitzen, denn nichts stimmte mit dem überein, was mein Lehrer mir so anschaulich vormachte. Meine Unzulänglichkeit war einfach überwältigend. Wenn ich bisher der Meinung gewesen war, daß Bewegung etwas ist, was man automatisch kann, was nicht immer wieder neu überlegt und gelernt zu werden braucht, so wurde ich jetzt eines Besseren belehrt.
Innerhalb kürzester Zeit war mir klar geworden, daß ich meinen gesamten Bewegungsapparat neu überdenken mußte, daß ich praktisch wie ein kleines Kind wieder laufen lernen und ich mich somit von meinen Erfahrungen lösen mußte. Ich hatte den Kopf voller Vorstellungen, aber keine paßte auf das, was mir jetzt wi-

derfuhr. Ich war hilflos. Trotzdem kämpfte ich gegen die aufkommende Resignation und kümmerte mich nicht um meine Nachbarn, denn ich spürte, daß mir bei dieser Erfahrung keiner helfen konnte. Immer wieder sah ich zu meinem Lehrer und versuchte mit dem Mute der Verzweiflung, ihn zu imitieren.

Der ging aber freundlich lächelnd zu jedem Teilnehmer, sprach hier und da ein Lob aus, meiner Meinung nach hatte es nicht einer verdient, und korrigierte die Haltung der Hände, wobei er erst einmal zum Lockern die Arme des Schülers ausschüttelte, veränderte dann die Stellung der Hüfte oder die der Füße. Das Gefühl der absoluten Hilflosigkeit wurde meines Erachtens dadurch noch verstärkt, aber schlagartig auch die Bereitschaft, offensichtliche Erfahrung anzunehmen. Er sah sofort, wo etwas nicht stimmte und noch verbessert werden mußte. Er schien alle Schwachpunkte sofort aufzuspüren, etwa so, als wenn er selbst die gleichen Erfahrungen wie wir durchgemacht hätte.

Dann plötzlich gelang mir die Bewegung. Erst ganz bedächtig, unheimlich konzentriert, erst den Schritt rechts, dann den Schritt links, wieder rechts, wieder links, ich war einfach glücklich, obwohl ich höchstwahrscheinlich wie ein Roboter ausgesehen haben muß. Ein beachtliches Hochgefühl der Genugtuung überkam mich, daß meine Ausdauer belohnt worden war. Erst jetzt fiel mir auf, daß ich nicht alleine war, ich hatte wieder den Blick für die anderen Teilnehmer gefunden, die jeder für sich verbissen mit ihren Armen und Beinen kämpften, und konnte die unendliche Vielfalt der geübten Schrittfolgen beobachten.

Wie ein Besessener übte ich in den folgenden Tagen zu Hause das Gehen. Dabei wurde mir der Unterschied, ob ich in der Gruppe und mit meinem Lehrer übte oder ganz alleine auf mich gestellt war, noch bewußter. Was ich während des Unterrichts verstanden zu haben glaubte, hatte ich zum Teil wieder vergessen oder sah es auf einmal ganz anders.

Ich ging noch langsamer vor, als ich es im Unterricht gelernt hatte. Ich versuchte, mir jede noch so kleine Bewegung ins Gedächtnis zurückzurufen, und bemühte mich, sie peinlichst genau nachzuvollziehen. Immer wieder mußte ich neu ansetzen und immer wieder die Bewegung korrigieren. Aber ich hatte mir ein be-

stimmtes Bild gemacht, das ich in Bewegung umsetzen wollte. Dabei wurde mir zum erstenmal bewußt, daß mein Verstand oder Geist meinen Körper lenkte.
Hatten sich vorher immer meine Extremitäten durch zum Teil unkontrollierte Bewegungen verselbständigt, so konnte ich sie jetzt zwingen, mir zu gehorchen. Dabei gelang es mir, jedes noch so kleine Bewegungsbruchstück gedanklich in eine Hand oder einen Fuß zu verfolgen. Das war unendlich mühsam, denn wenn ich mich auf die rechte Hand konzentrierte, verharrten alle übrigen Körperteile in fast absoluter Ruhe.
So erreichte ich zwar, nicht immer wieder von vorne beginnen zu müssen, auf der anderen Seite dauerte aber auch eine Schrittfolge, also einmal rechts und dann links, entsprechend lange. Mit zunehmender Übung jedoch gelang es mir immer besser, mich nicht nur auf ein Körperteil, sondern auch auf zwei zu konzentrieren.
Das Ergebnis meiner Bemühungen hatte mit TAI CHI noch gar nichts zu tun, denn von einer wohltuenden geistigen und körperlichen Entspannung konnte bei weitem noch keine Rede sein. Auch sah meine Schrittfolge eher eckig und kantig aus. Sie war einfach noch nicht harmonisch und folgte noch längst nicht dem ihr eigenen und mir noch unbekannten Rhythmus.
Neben der Langsamkeit der Bewegung hatte ich aber auch gelernt, meine eigene Langsamkeit des Lernens zu akzeptieren. Fortschritte waren nicht schnell und überstürzt zu erzielen, sondern sie vollzogen sich langsam und mußten entsprechend vorbereitet sein. Hinzu kam, daß ich aufhörte, neidisch auf die anderen Teilnehmer zu blicken, wenn sie vermeintlich besser als ich waren. Sie waren nicht mehr der Maßstab für mich, sondern ich selbst bestimmte, was ich mir zutrauen und erreichen konnte.
In den folgenden Wochen kamen eine Vielzahl von neuen Bewegungsformen auf mich zu, die mir bis dahin nicht gekannte Höhen und Tiefen bescherten. Inzwischen hatten wir auch mit dem Erlernen der Form begonnen, und ich konnte nur ahnen, was mir TAI CHI noch alles bieten würde.
Unter den Teilnehmern bestand ein ausgesprochen gutes Verhältnis. Zwischenzeitlich hatten zwar doch einige aufgegeben, weil sie sich unter TAI CHI etwas anderes vorgestellt hatten, andererseits

tauchten aber hin und wieder neue Gesichter in der Gruppe auf, die sofort integriert wurden. Ihnen wurde von allen geholfen, damit sie sich möglichst schnell zurechtfinden konnten. Im Laufe der Zeit kristallisierte sich ein Kern von etwa acht Personen heraus, die keine Trainingsstunde ausfallen ließen. Sobald sich eine Gelegenheit des gemeinsamen Übens ergab, wurde sie auch wahrgenommen. Man korrigierte sich gegenseitig, gab sich Tips und Ratschläge zum Üben und erreichte damit eine besondere Art von Harmonie, die gerade auch dann zum Ausdruck kam, wenn gemeinsam die uns bekannten Teile der Form ausgeführt wurden.
Nach etwa drei Monaten hatten wir den ersten Teil der Form, ‹die Erde›, so weit gelernt, daß wir sie vom Ablauf her kannten und ohne zu stocken auch selbst nachvollziehen konnten. Zwar waren die Bewegungen noch längst nicht so sanft und ausgewogen, wie sie bei jemandem sind, der schon über Jahre hinweg geübt hat, aber das war wohl so früh auch nicht anders zu erwarten. Nach wie vor übte ich täglich zu Hause nicht nur aus dem Wunsch heraus, mich zu verbessern, sondern die besondere Art der Bewegung wurde einfach zu einem inneren Bedürfnis und gehörte zu meinem Tagesablauf.
Inzwischen hatten wir zusätzlich eine Form des Trainings kennengelernt, die sich anfangs als äußerst schwer, im Laufe der Zeit aber als sehr schön herausstellte. Wir setzten uns auf den Boden, schlossen die Augen und versuchten, in Gedanken das nachzuvollziehen, was wir bisher von der Form gelernt hatten. Die Empfindungen können dabei sicherlich sehr unterschiedlich sein, trotzdem muß ich sagen, daß mich diese Art des Trainings besonders reizte, denn ich sah mich vor meinem geistigen Auge immer ganz anders und auch viel schöner bewegen, als ich es in der Realität tat. Obwohl ich mir dessen bewußt war, hatte ich den Eindruck, gerade wegen des Unterschiedes zwischen Traum und Wirklichkeit beim anschließenden Üben besonders angespornt zu werden, weil offensichtlich ein innerer Zwang versuchte das geistige Bild in Bewegung umzusetzen.
Ziemlich schnell hatte ich gelernt, diese Übung auch mit offenen Augen auszuführen, und so konnte ich bei einigen beobachten, wie sie sich im Sitzen sanft hin- und herwiegten und vorsichtig mal

die eine Hand hoben oder die andere drehten. Auf mein Fragen konnten sie mir später nicht genau sagen, ob sie die von ihnen ausgeführten Bewegungen brauchten, um sich ein Bild von sich zu machen, oder ob die Bewegungen das Ergebnis eines in ihrem Innern ablaufenden Films waren.
Es gab auch Gruppenmitglieder, denen es trotz größter Anstrengung einfach nicht gelingen wollte, sich so lange zu konzentrieren. Irgendwo blieben sie mit ihren Gedanken hängen und wußten nicht mehr weiter. Das hinderte sie anschließend aber nicht daran, die Teile der Form wie jeder andere genauso gut oder schlecht zu machen.
Diese besondere Art des Trainings mit geschlossenen Augen halte ich für sehr wichtig, und Sie sollten versuchen es von Anfang an zu üben. Mag es anfangs eine reine Frage der Konzentration sein, so werden Sie im Laufe der Zeit feststellen, daß es Sie beruhigt, daß Sie sich entspannen und daß Ihr Atem tief und ruhig wird. Sie erreichen eine ähnliche Wirkung, als wenn Sie TAI CHI körperlich ausgeübt hätten. Wo Sie sich auch aufhalten, können Sie mit dieser Methode TAI CHI machen und werden dadurch von bestimmten Räumlichkeiten, die nicht immer verfügbar sind, unabhängig.
Nach gut einem halben Jahr hatten wir schon so viel gelernt, daß wir uns etwa zehn Minuten in der Form bewegen konnten. Weitere Schrittfolgen, und zwar ‹Der goldene Hahn steht auf einem Bein› und die ‹Wolkenhände›, erweiterten das Vorbereitungsprogramm auf die Form. Allmählich merkten wir, daß die bisher noch vorhandene geistige Anspannung nachließ. Erste Anzeichen dafür waren, daß schon mal die festgelegten Übergänge nicht eingehalten wurden, also Teile ungewollt wiederholt oder ausgelassen wurden. Die Betroffenen konnten sich das nicht so recht erklären, denn sie erwachten gleichsam wie aus Trance und waren ganz erstaunt, daß gerade ihnen so etwas passieren mußte.
Nach etwa neun Monaten begannen wir mit einem besonders langen Teilgebiet, das mit der Schrittfolge ‹Wolkenhände› eingeleitet wird. Ich halte dieses Teilgebiet für den Höhepunkt des zweiten Teils, des ‹Himmels›. Das Schwierige an diesem Part ist, daß die Aktionen in alle Richtungen ausgeführt werden müssen und der

Ausübende genau wissen muß, wann er wo welche ‹Position› einzunehmen hat. Eine schnelle Drehung von 315 Grad auf dem rechten Fuß verdeutlicht unter anderem, wie weit die Körperbeherrschung fortgeschritten sein muß. Viele ‹Stellungen› auf einem Bein erfordern ein ausgewogenes Körpergefühl, in dem das Halten des Gleichgewichtes allmählich zur Selbstverständlichkeit wird.

Wenn ich mir rückblickend noch einmal die ersten Stunden ins Gedächtnis zurückrufe, wo wir gelegentlich das Stehen auf einem Bein geübt hatten, so waren die Fortschritte zwischenzeitlich doch schon ganz beachtlich geworden. Immer wieder wurde auch das bisher Gelernte wiederholt. Dabei hatten wir zu dem rein in der Vorstellung ausgeführten TAI CHI noch eine andere Möglichkeit der Ausführung gefunden, die im Grunde gar nichts mit TAI CHI zu tun hat. Wir versuchten nämlich, uns möglichst schnell zu bewegen. Hier kam es darauf an, ohne vorher zu überlegen, die Sequenzen auszuführen. So konnten wir feststellen, inwieweit wir die Form schon spontan machten. Auch hierbei war das Ergebnis für uns anfänglich ernüchternd, aber es bereicherte den Unterricht und machte uns viel Spaß.

Wenn mir einmal wenig Zeit zum Üben blieb, hatte ich für mich eine weitere Möglichkeit gefunden, die etwa einer Kombination aus dem langsamen rein gedanklichen und dem schnellen körperlichen Durchgang entsprach. Das sah dann so aus, daß die ausgeführten Bewegungen äußerst sparsam und auch nicht so schön waren. Wichtig war mir dabei, daß die Bewegung nicht spontan kommen durfte, sondern erst gedacht werden mußte. Ich erreichte dadurch, daß die ‹Stellungen›, die verschiedenen Richtungen und die einzuhaltende Reihenfolge mir keine Schwierigkeiten mehr machten, ich konnte mich immer mehr darauf konzentrieren, die Bewegungen an sich zu verbessern.

Etwa nach einem Jahr machte ich eine für mich bis dahin vollkommen neue Erfahrung. Wenn ich jetzt die Form machte, ein Durchgang konnte schon mal je nach der gewählten Geschwindigkeit knapp 20 Minuten dauern, fühlte ich nach kurzer Zeit, wie eine wohlige Wärme den ganzen Körper durchzog und sich in Form kleiner Hitzewellen immer wieder zu erneuern schien. Ich spürte ein ganz sanftes Pochen bis in die Fingerkuppen, und in den Handflächen begann ein leichtes Kribbeln. Während der gesamten Ausführung meiner Bewegungen befand ich mich in einer bis dahin nicht gekannten Hochstimmung, die ich mir nicht erklären konnte.

Hatte ich die Form beendet, war ich schweißgebadet. Wohl kannte ich meinen naßgeschwitzten Körper noch aus der Zeit, in der ich Judo gemacht hatte, in Verbindung mit TAI CHI aber war mir diese Tatsache neu. Dabei fühlte ich mich anschließend weder erschöpft noch kurzatmig oder zeigte andere Reaktionen wie nach harter körperlicher Arbeit, im Gegenteil, ich fühlte mich vollkommen entspannt, mit mir und der Welt zufrieden und war auf eine besondere Art erfrischt.

Im Laufe der Zeit jedoch ließ das Schwitzen immer mehr nach und tritt heute so gut wie gar nicht mehr auf. Das Wohlgefühl, verbunden mit einer geistigen und körperlichen Entspannung, ist aber bis heute geblieben.

Dieses Erlebnis in Verbindung mit Schweißausbrüchen wird mir immer wieder auch von anderen bestätigt. Bei dem einen kommt es vielleicht etwas früher, bei dem anderen tritt es später auf. Ich habe mich oft gefragt, und das würde natürlich der Eitelkeit eines jeden schmeicheln, ob das Schwitzen ein Beweis für die besondere Qualität ist, wie man TAI CHI macht. Da ich denke, daß es für ganz normale Körperreaktionen auch ganz normale Erklärungen geben muß, möchte ich versuchen, Ihnen aus heutiger Sicht darauf eine Antwort zu geben.

Der wichtigste Grund ist, daß Sie infolge der gewonnenen Körpererfahrung viel verständiger und deshalb auch ganz anders mit Ihrem Körper umzugehen gelernt haben als zu der Zeit, wo Sie noch kein TAI CHI praktiziert haben. Sie haben gelernt, bewußt Bewegungen bis in die Fingerspitzen zu verfolgen, und Sie können mit zunehmender Übung nicht nur die Reaktion einer Hand oder eines Fußes erkennen, sondern es gelingt Ihnen immer öfter, mehrere Teile Ihres Körpers gleichzeitig zu beobachten.

Sie haben das ganz besonders dadurch erreicht, daß Sie TAI CHI langsam ausführen, denn die Langsamkeit der Bewegung erlaubt die Sicht bis in jeden Winkel des Körpers hinein. Sie nehmen

plötzlich die Bewegung des kleinen Fingers wahr, Sie können Ihre Gedanken an jeder Stelle des Körpers verweilen und ausruhen lassen, ohne dabei Ihren Bewegungsfluß zu unterbrechen. Auch werden die Bewegungen dadurch sanft, fließend und weich, weil Sie mit Ihrem Willen die Gelenke und Sehnen zwingen können, sich entsprechend zu bewegen. Die Erfahrung, daß der Geist den Körper beherrscht, kommt ganz allmählich und wird anfänglich vielleicht noch nicht so richtig wahrgenommen und verstanden.
Auch das eben angesprochene Wohlgefühl breitet sich überall aus, und auch das können Sie mit Ihrem Willen in alle Körperbereiche lenken und dort verweilen lassen. Was ist also normaler, als daß sich diese neue Vertrautheit mit Ihrem Körper eben in Schweißausbrüchen äußern kann. Bei vergleichbaren Körperreaktionen reagieren wir längst nicht so erstaunt, sondern sind viel eher bereit, diese einfach als gegeben hinzunehmen. Plötzliche Trauer oder eine unerwartete Freude kann ein spontanes und nicht kontrollierbares herzzerreißendes Weinen auslösen, oder eine brenzlige und gefährliche Situation führt zu einem Zittern der Hände und Beine.
Ab diesem Zeitpunkt, so denke ich, begann ich erst richtig TAI CHI zu machen. Dabei halfen mir geistige Bilder wie etwa das Schwimmen in der Luft oder das Bild mit der Kette. Immer vielfältiger wurden die Bilder, die sich bei der Ausübung von TAI CHI einstellten. Urplötzlich hatte ich den langen Atem und den besonderen Rhythmus von TAI CHI herausgefunden und konnte jetzt gezielt daran arbeiten, meine Bewegungen diesen Vorstellungen anzupassen. Ich stand im Zentrum und war gleichzeitig das Zentrum einer ungeheuren Kraft, die es zu bändigen galt. Das Bild des Hammerwerfers oder die Vorstellung, die Bewegungen in einer Kugel zu machen, erlaubten mir immer mehr, mich auf die eigentliche Mitte, nämlich auf den unteren Bauchbereich, also die Hüfte zu konzentrieren. War ich vorher noch gedanklich in jeden Körperwinkel gekrochen, um eine Geste zu korrigieren, so konnte ich jetzt in Ruhe von einer anderen Warte aus den Bewegungsfluß beobachten.
Bis wir die gesamte Form gelernt hatten, vergingen insgesamt knapp zwei Jahre, obwohl mir die Zeit wie im Flug verging. Eine

bis dahin nicht gekannte Sensibilität erlaubte mir, bei Bedarf nicht nur meine Gedanken in jeden Körperwinkel zu schicken und ihn vielleicht zu einer Bewegung zu animieren, sondern ich hatte auch damit begonnen, meinen Atem auf Reisen zu schicken.

Das fing ganz einfach an. Wenn wir die Schrittfolge ‹Schritt nach vorne und ein Knie streifen› übten, sollten wir in dem Augenblick, wenn sich die obere Hand nach vorne bewegt, ausatmen, dabei aber den Atem mit den Gedanken aus der Lunge durch den ganzen Arm bis hin zu den Fingerspitzen lenken und dann nach außen strömen lassen.

Das schon bekannte Pulsieren und leichte Kribbeln in der Hand und den Fingern stellte sich eigentlich recht schnell ein, und ich hatte das Gefühl, daß die Hand ein Ballon sei. Dieses Empfinden wurde auch von anderen Teilnehmern bestätigt, und wir fragten uns, ob das wohl die besagte ‹CHI-Kraft› sei, die in vielen Büchern und Artikeln beschrieben wird. Wir alle hatten zum Teil unglaubliche Dinge darüber gelesen und warteten voller Ungeduld auf den Tag, an dem auch wir in der Lage sein würden, diese Kraft zu meistern.

Inzwischen hat sich aber meine Aufregung und Erwartung diesbezüglich vollkommen gelegt, und ich betrachte jetzt gerade diesen Punkt sehr viel gelassener. Wenn ich heute mit Partnern trainiere, versuche ich nicht bewußt, CHI entsprechend den Beschreibungen einzusetzen, sondern ich bemühe mich eher darum, den in der Form geübten, optimalen Bewegungsablauf wiederzufinden und nachzuvollziehen. Das dabei gefundene TAI CHI-Grundprinzip wird anhand unterschiedlicher Techniken ausprobiert, und es gelingt mir tatsächlich manchmal, meinen ‹Gegner› ohne Kraftaufwand zu ‹besiegen›.

Wollte man tatsächlich die in der TAI CHI-Form enthaltenen Techniken in einem Notfall zur Verteidigung gegen einen oder gar mehrere Gegner wirkungsvoll einsetzen, müßte man ganz anders trainieren. Daher soll das bloße Überprüfen der Techniken auf ihre Wirksamkeit und Ausführbarkeit hin in der von mir angesprochenen Partnerarbeit um Gottes willen nicht als Alternative zu einem echten Selbstverteidigungssystem wie beispielsweise JIU JITSU gedacht sein. Trotzdem aber macht es einen Sinn zu wissen,

was die einzelnen Bewegungen überhaupt bewirken sollen und können, denn die Abläufe werden erfahrungsgemäß dadurch verständlicher und können besser nachvollzogen werden.
Nachdem das Lernen der Form als Unterrichtsziel von uns erreicht worden war, trat bei allen eine nicht genau zu definierende Leere ein. Zuerst unbestimmt, dann aber immer konkreter tauchte die Frage auf: Und was kommt jetzt? Hatten wir in der Vergangenheit fast immer etwas Neues im Unterricht geübt und gelernt, so erschien uns das ständige Wiederholen, das Verbessern von im Laufe der Zeit eingeschlichenen kleinen Nachlässigkeiten als langweilig. Auch ich will mich von dieser mir heute unverständlichen Einstellung nicht ganz freisprechen, denn wir glaubten, alles bisher Angebotene zu beherrschen und fühlten uns neuen Anforderungen gewachsen.
Auch in anderen TAI CHI-Gruppen wird dieser Zeitpunkt über kurz oder lang auftreten. Vielfach ist es dort so, daß anfangs eine kurze Form und darauf aufbauend eine lange Form unterrichtet wird, die oben beschriebene Frage nach dem weiteren Vorgehen aber nur hinausgezögert wird. Dem Bedürfnis der Teilnehmer nach etwas Neuem wird vielerorts dadurch Rechnung getragen, daß, allerdings in einem anderen Kurs und wieder mit anderen Teilnehmern, eine Waffenform angeboten wird. Damit wird aber auch nur wieder dem eigentlichen Problem für kurze Zeit ausgewichen.
Auch bei uns wurde anfangs dieser Fehler gemacht und mit einem ständig neuen Angebot versucht, das Interesse immer weiter zu steigern. Dabei wurde das eigentliche Ziel, nämlich die Form tatsächlich zu beherrschen, vollkommen aus den Augen verloren.
Heute wird vielmehr versucht, und ich bin sehr froh darüber, in der Form immer wieder neue Aspekte zu entdecken. Selbst nach jahrelangem Üben werden Sie immer wieder neue Teile finden, die Sie mit Blick auf Ihre Idealvorstellung von TAI CHI verbessern können. Der Unterschied zum sogenannten Anfänger besteht dann allerdings darin, daß Sie nicht mehr aus der Froschperspektive heraus, also ohne Sicht auf das Ganze üben, sondern auf Grund Ihrer in der Zwischenzeit mit TAI CHI gemachten Erfahrungen TAI CHI als dauernde Herausforderung verstehen.

Um dieses Verständnis zu festigen und zu vertiefen, werden deshalb verstärkt Partnerarbeiten geübt, damit die Techniken verfeinert werden können. Eine Korrektur in der Bewegung wird nicht mehr als bloße Fehlerbereinigung empfunden, sondern sie dient als Hilfe bei der Suche nach dem optimalen Bewegungsablauf.

Vollkommen neue Perspektiven können sich z. B. auch ergeben, wenn Sie die Form z. B. links herum ausführen, oder gar, wie es AL HUANG beschreibt, rückwärts praktizieren, indem Sie also am Ende anfangen und sich von dort zum Anfang durcharbeiten.

Probieren Sie ruhig einmal aus, eine Ihnen bekannte kleine Sequenz links herum nachzuvollziehen, und überprüfen Sie, inwieweit das schon ‹automatisch› geht, oder wieviel Sie erst ‹vordenken› müssen und erst im Anschluß daran in die richtige Bewegung umsetzen können.

Sind Sie als Anfänger noch bestrebt, möglichst viel in möglichst kurzer Zeit zu lernen, so ändert sich diese Einstellung zusehends. Dadurch, daß der Blick für das Kleine wiedergefunden und geschärft wird, entdecken Sie auf einmal das Große. Was ich damit sagen will ist, daß es durchaus als wohltuend empfunden werden kann, nur das Armeheben zu Beginn der Form zu üben, es muß nicht unbedingt die ganze Form sein.

Es gibt zum Beispiel eine vorbereitende Gymnastikübung, deren Wirkung vielleicht gerade wegen ihrer Einfachheit verblüffend ist. Es handelt sich um das Armeschwingen. Dazu nehmen Sie den schulterbreiten Stand ein und gehen etwas in die Knie. Schwingen Sie nun mit den Armen immer abwechselnd nach vorne und nach hinten. Der vordere Schwung sollte nicht über die Schulterhöhe hinausgehen, der Schwung nach hinten sollte nicht erzwungen werden. Achten Sie darauf, daß die Hände, die Ellbogen und die Schultern dabei ganz locker bleiben. Zur besseren Entspannung schließen Sie am besten die Augen.

Als ich diese Übung zum erstenmal mitmachte, dachte ich, man wolle mich auf den Arm nehmen. Alle möglichen Gedanken kreisten mir im Kopf herum, und das Zittern meiner Augenlider war der Ausdruck meiner inneren Unsicherheit und Unruhe. Die Zeit schien nicht vergehen zu wollen.

Dann ganz allmählich kehrten die Gedanken zu mir zurück, und ich begann mich zu entspannen. Ich hatte den Eindruck, wie festgewachsen auf dem Boden zu stehen und empfand nach und nach das Schwingen der Arme als wohltuend. Dieses Wohlgefühl breitete sich im ganzen Körper aus, und plötzlich mochte ich gar nicht mehr aufhören. Nach mehr als zehn Minuten, diese Zeit wurde mir hinterher bestätigt, war die Übung beendet, und wir öffneten wieder die Augen. Ich glaubte wir fühlten uns alle wie neu geboren.
Wenn ich heute meinen Standpunkt gegenüber den Dingen, die ich hier beschrieben habe, mit dem von früher vergleiche, so hat sich ein nicht verkennbarer Meinungswandel vollzogen.
Hätte mir früher jemand gesagt, daß man mit dem Willen den Atem durch den ganzen Körper schicken kann, daß man Wohlgefühl in jede Körperregion lenken kann, daß man seinen Körper in dieser Form beherrschen und sich dabei auch noch wohl fühlen kann, ich glaube, ich hätte schallend gelacht.
Was mir heute als vollkommen normal erscheint, hätte ich früher als Hirngespinst abgetan. Inzwischen habe ich gelernt, auf diesem Gebiet keine Grenzen mehr zu akzeptieren, daß eigentlich alles, was man sich vorstellen kann, möglich wird.
Es gibt eine Übung, an der Sie vielleicht sehr gut nachempfinden können, wie ich das meine. Es handelt sich um den ‹unbeugsamen Arm›. Auch von dieser Übung gibt es unterschiedliche Ausführungen, die verblüffende Wirkung ist aber bei allen gleich.
Um sich für diese Übung etwas einzustimmen und zu sensibilisieren, bereiten Sie sich bitte folgendermaßen vor:
Stellen Sie sich ganz normal hin, und halten Sie Ihre Hände, die Handflächen zeigen zueinander, etwa in Bauchhöhe. Die Ellbogen sind etwa im rechten Winkel gebeugt. Arme, Hände und Finger sollen ohne Anspannung, also passiv, gehalten werden. Die Finger sind nicht krampfhaft gestreckt, aber auch nicht ganz gekrümmt. Konzentrieren Sie sich nur auf die Handflächen und auf Ihre Atmung. Beim Einatmen führen Sie etwas die Hände auseinander, beim Ausatmen führen Sie die Hände wieder zusammen. Schon nach kurzer Zeit glauben Sie, an den Handflächen eine Berührung wahrzunehmen. Führen Sie die Hände nach au-

ßen, haben Sie das Gefühl, es entstünde ein Sog. Wenn Sie die Hände zusammenführen wollen, haben Sie das Gefühl, Sie stauchten die Luft zwischen den Händen zusammen. Je intensiver Sie ausatmen, desto mehr glauben Sie den Atem zwischen den Händen zu spüren.
Der ‹unbeugsame Arm› ist noch erstaunlicher, aber Sie sind jetzt schon etwas auf das Folgende vorbereitet.
Stellen Sie sich ganz normal hin, und strecken Sie den rechten Arm aus. Halten Sie auch Ihre Finger gerade, ohne die Hand anzuspannen. Die Ellbogenspitze soll nach unten zeigen, der Unterarm läßt sich dadurch nur nach oben beugen. Achten Sie darauf, daß die Armmuskulatur locker, also nicht angespannt oder verkrampft ist. Konzentrieren Sie sich zunächst nur auf Ihr Armgelenk.
Nach kurzer Zeit verspüren Sie eine Anspannung, und jetzt müssen Sie mit Ihren Gedanken versuchen, diese Spannung sich auf den ganzen Arm ausdehnen zu lassen. Wenn dann ein Partner versucht, Ihren Arm dadurch zu beugen, indem er die linke Hand in Ihre Armbeuge legt und mit der rechten Hand den Unterarm nach oben drücken will, wird er trotz großer Kraftanstrengung keinen Erfolg haben.
Meistens gelingt es schon nach kurzer Zeit des Übens, Ihren Partner mit dem unbeugsamen Arm zu verwirren.
Sie können auch versuchen sich vorzustellen, daß Ihr Arm zu einer Eisenstange wird. In einem fortgeschrittenen Stadium reicht es einfach aus, wenn Sie Ihren Atem durch den Arm über die Fingerspitzen hinausströmen lassen, den Arm durch diese Vorstellung gleichsam beliebig weit verlängern. Wenn Sie einmal die Gegenprobe machen, also versuchen mit Kraft Ihren Arm gestreckt zu halten, wird er schon nach kurzer Zeit gebeugt werden können.
Als Erklärung für diesen besonderen Effekt wird oft die CHI-Kraft zitiert. Nach meinem Verständnis handelt es sich aber um eine kleine Demonstration, die Ihnen zeigen soll, wie Ihr Wille den Körper lenken und beeinflussen kann.
Die persönliche Einstellung zu solchen Übungen wird bei den einzelnen Gruppenmitgliedern sehr unterschiedlich sein.

Einige werden den Wechsel vom handfesten Training zu dem, was sich nicht auf die Schnelle oder vielleicht nie so richtig erklären läßt, nicht mehr nachvollziehen, weil sie einfach nicht oder noch nicht wollen. Gedanken wie ‹das schaffe ich nie› oder ‹das glaube ich einfach nicht› oder ‹ich merke überhaupt nichts› blockieren sofort das Erfolgserlebnis, und das Nichtgelingen wird als Bestätigung der eigenen Meinung angesehen.

Über kurz oder lang wird sich die Gruppe in zwei Lager spalten, ein Teil will unbedingt etwas anderes, also eine neue Form lernen, der andere Teil wagt einen scheuen Blick über den vorher errichteten geistigen Zaun, wird neugierig und will schließlich noch mehr sehen.

Jetzt ist es wichtig, daß jedem zugestanden wird, so TAI CHI machen zu können, wie er es selbst für richtig hält, also zur Not auch die Gruppe und den Lehrer zu wechseln. Als Lehrer kann man lediglich versuchen, vorsichtig auf ein seiner Meinung nach richtiges Ziel hinzuweisen. Dennoch muß jeder sein Ziel selbst bestimmen, das subjektiv gesehen sehr unterschiedlich definiert worden ist.

Ich halte nichts von einem von vornherein schon von anderen und für alle festgelegten Weg. Ich denke auch, daß TAI CHI nicht unbedingt deswegen ‹richtiger› oder ‹besser› wird, wenn man zum Beispiel die Übung mit dem unbeugsamen Arm beherrscht.

Es wäre vermessen, von allen gleiche Reaktionen und Gefühle erwarten zu wollen, ebenso wäre es vermessen zu behaupten, nur derjenige macht ‹richtiges› TAI CHI, dessen Einstellung dazu genau mit meiner eigenen übereinstimmt.

Wechseln Sie also ruhig einmal den Lehrer, oder besuchen Sie Seminare mit anderen Meistern. Selbst wenn Sie sich hinterher eingestehen müssen, daß es wohl doch nicht der große Erfolg gewesen ist, so wird dieser kleine Ausflug sicherlich in irgendeiner Form seinen positiven Niederschlag bei Ihren Bemühungen um TAI CHI finden.

Auch das Erlernen einer anderen Form zu gegebener Zeit, z. B. mit Schwert oder Säbel, wird Ihnen viele neue Eindrücke bescheren.

Sollten Sie aber einen Sinn darin sehen, möglichst viele und womöglich noch im Stil unterschiedliche Formen zu lernen, werden Sie über kurz oder lang feststellen, daß Sie im Grunde genommen nichts auch nur annähernd richtig können.

Ich freue mich immer wieder, wenn ich von Schülern höre, daß sie eine Demonstration eines anderen Stils gesehen und die eine oder andere Bewegung wiedererkannt haben. Das weitergehende Interesse über das von mir Angebotene hinaus kann ich nicht als persönliche Beleidigung empfinden, es bestätigt mich darin, daß es mir gelungen ist, Interesse zu wecken.

Das hier angesprochene Lehrer-Schüler-Verhältnis ist in meinen Augen etwas Besonderes, und ich habe die Begriffe nur deshalb gewählt, weil mir nichts Treffenderes eingefallen ist. Es hat nach meinem Verständnis nichts mit dem zu tun, was Sie von Ihrer Schulzeit her kennen, und auch nichts mit dem, wie es dem einen oder anderen aus dem Training einer martialischen Kampfsportart her bekannt ist.

Ich empfinde Lehrer und Schüler beim TAI CHI vielmehr als Partner, und ich nehme mir aufgrund meiner jahrelangen Erfahrung mit TAI CHI das Recht, Hinweise und Ratschläge zum Üben zu geben.

Dadurch, daß ich selber immer wieder versuche, die Abläufe noch besser erklären zu wollen, werden diese mir noch klarer und vertrauter, und ich lerne bei jeder Unterrichtsstunde mindestens ebensoviel, wie hoffentlich auch meine Schüler.

TAI KYOKU KEN

TAI KYOKU KEN ist das TAI CHI des japanischen Verbandes ‹All Japan China Kempo Federation›. Große Ähnlichkeiten mit dem YANG-Stil sind nicht zu leugnen, trotzdem ist diese Form nicht einfach die japanische Kopie, sondern eine eigene Entwicklung. Sie sehen hier den gesamten Ablauf der Form, einschließlich aller Wiederholungen und Übergänge.
Versuchen Sie bitte nicht, anhand der Zeichnungen die Form lernen zu wollen. Um TAI CHI zu lernen, brauchen Sie einen Lehrer, der Ihnen die einzelnen Bewegungen vormacht und erklärt. Deshalb habe ich auch auf die sonst übliche handwerkliche Beschreibung der Bewegungsabläufe und der einzelnen Stellungen verzichtet.
Lassen Sie also die Zeichnungen einfach auf sich wirken. Das ‹Lesen› der einzelnen Bilder läßt bereits den sanften Bewegungsfluß erkennen. Während des gesamten Ablaufs bleibt Ihre Position als Betrachter unverändert, deshalb kommt es im Einzelfall auch vor, daß sich der Ausübende von Ihnen abwendet oder Ihnen den Rücken zuwendet.

Die Form

Unter einer Form oder Kata versteht man eine genau festgelegte Reihenfolge von Einzeltechniken, die erst in der Form miteinander verbunden werden. Der Zuschauer gewinnt dadurch den Eindruck, als wenn es sich um eine nicht endenwollende Bewegungsfolge handeln würde, bei der der Ausübende gleichzeitig gegen mehrere imaginäre Gegner ‹kämpfen› müßte.
Gleichwohl kann man aber zu einem späteren Zeitpunkt die gesamte Form mit mehreren Partnern durchaus als ‹Kampf› darstel-

len. Voraussetzung dafür ist allerdings, daß alle Beteiligten nicht nur die Form, sondern auch sämtliche dazugehörigen Angriffstechniken nahezu perfekt beherrschen müssen, damit eine solche Präsentation nicht in einem Chaos endet.
Die vorgetragenen Bewegungsbilder sowohl der ‹Angreifer› als auch des ‹Verteidigers› müssen deshalb dann so fein aufeinander abgestimmt sein, daß weder der gleichmäßige langsame Fluß noch der harmonische Gesamteindruck dabei verlorengeht.
Für den gesamten Vortrag, also entweder allein oder mit Partnern, können Sie ca. 30 Minuten rechnen. Je nach der persönlichen körperlichen und geistigen Verfassung kann ein Durchgang auch schon einmal mehr als 40 Minuten dauern.
Was auf den Bildern auch nicht zu sehen, bei der Ausführung aber wichtig ist, ist, daß die Form an dem gleichen Punkt wieder enden muß, an dem sie begonnen hat.

Um Ihnen den Aufbau einer Form erklären zu können, muß ich zum besseren Verständnis Begriffe verwenden, auf die ich an dieser Stelle nicht verzichten möchte, die ich aber erst später näher erläutern werde:
Grundsätzlich besteht eine TAI CHI-Form aus drei Teilen. Der erste Teil, der die Erde symbolisiert, leitet die Form ein. Darin tauchen überwiegend bodenständige Bewegungen auf, die die feste Verwurzelung des Menschen mit der Erde verdeutlichen sollen.
Der zweite Teil symbolisiert den Himmel. Dieser Abschnitt ist meistens dreimal so lang wie der erste Teil. Für diesen Teil sind viele ‹Stellungen› auf einem Bein und Fußtritte typisch.
Der dritte Teil symbolisiert den Menschen. Hier werden Teile aus den ersten beiden Teilen wiederholt und miteinander verknüpft. Dadurch soll die besondere Stellung des Menschen zum Ausdruck gebracht werden, der beständig versucht, in Harmonie zwischen Himmel und Erde zu leben. Das Besondere bei der TAI KYOKU KEN-Form ist die Art der Aufteilung, die es in dieser Ausprägung bei anderen Stilen nicht gibt.

Die Form besteht aus 13 unterschiedlich langen Teilgebieten. Der erste Teil der Form, die ‹Erde›, setzt sich aus 3 Teilgebieten, der

zweite Teil, der ‹Himmel›, setzt sich aus ebenfalls 3 Teilgebieten und der dritte Teil, der ‹Mensch›, setzt sich aus 5 Teilgebieten zusammen. ‹Erde› und ‹Himmel› werden durch das vierte, und ‹Himmel› und ‹Mensch› durch das achte Teilgebiet miteinander verbunden. Diese beiden Teilgebiete sind vollkommen identisch. Diese Aufteilung hat zur Folge, daß die in anderen Stilrichtungen gebräuchlichen Namen für bestimmte Abläufe, ‹Stellungen› und ‹Positionen› nur ganz selten gebraucht werden.
Zur Orientierung innerhalb der Form reicht die Angabe der Nummer eines Teilgebietes immer aus. Nehme ich zum Beispiel die Bewegungsfolge ‹die Hände wie einen Fächer ausbreiten›, so taucht sie in der Form im sechsten und elften Teilgebiet auf, also einmal im ‹Himmel› und einmal im ‹Menschen›. Die ‹Wolkenhände› wiederum werden dreimal ausgeführt, und zwar im siebten, im zehnten und im zwölften Teilgebiet, also einmal im ‹Himmel› und zweimal im ‹Menschen›.
Darüber, ob nun die fast mathematische Einteilung der Form oder aber der ausschließliche Gebrauch von Bewegungsbildern von Vorteil ist, kann man sicherlich streiten, aber trotz unterschiedlicher Auffassung hat sich diese Vorgehensweise bewährt und erleichtert gerade während der Lernphase die Orientierung innerhalb der Form außerordentlich.
Wenn Sie das von mir dargestellte TAI KYOKU KEN mit einer Ihnen bekannten langen Form eines anderen Stils vergleichen, wird Ihnen weiterhin auffallen, daß auch die Anzahl der Einzeltechniken zu den namentlich bezeichneten Bewegungsbildern im Einzelfall unterschiedlich sein kann.
So besteht z. B. im YANG-Stil die Folge ‹den Sperling beim Schwanz fassen› normalerweise aus fünf Einzeltechniken, kann aber auch schon einmal im Einzelfall nur aus vier bestehen. Beim TAI KYOKU KEN besteht dieses Bild allerdings aus sieben Techniken.
Ich möchte aber noch einmal darauf hinweisen, daß letztlich die dargestellte Stilrichtung vollkommen nebensächlich ist. Wichtig ist mir einfach, daß Sie sich an Hand der Bilder einen Gesamteindruck von TAI CHI verschaffen können.

Die Erde

1. Teilgebiet

Bilder	**Bezeichnung**	
1–2	Vorbereitung	
3–5	Eröffnung	
6–8	nach hinten ziehen	
9–10	nach vorne drücken	
11	zurückrollen	
12–23	den Sperling beim Schwanz fassen	
	bestehend aus	**Bilder**
	nach unten ziehen	12–14
	Abwehr rechts	15
	Abwehr links	16
	nach hinten ziehen	17–18
	nach vorne drücken	19
	zurückrollen	20
	nach vorne stoßen	21–23

2. Teilgebiet

Bilder	**Bezeichnung**
24–28	Schleife
29–30	linke Hand unter den Ellbogen
31–35	der Kranich breitet seine Flügel aus

3. Teilgebiet

Bilder	**Bezeichnung**
36–43	Schritt nach vorne und linkes Knie streifen
44–45	Schritt nach vorne und rechtes Knie streifen
46–47	Schritt nach vorne und linkes Knie streifen

48	nach hinten ziehen
49–51	Schritt nach vorne, nach oben abwehren
52–53	zur Seite abwehren, Schritt nach vorne und boxen
54	zurückrollen
55	nach vorne stoßen

Ende des ersten Teils (Erde)

4. Teilgebiet (Verbindungsteil zwischen Erde und Himmel)

Bilder	**Bezeichnung**
56–60	die Hände kreuzen
61–63	Schritt nach vorne und linkes Knie streifen
64–68	den Tiger zum Berg zurücktragen
69–76	den Sperling beim Schwanz fassen (Einzeltechniken s. o.)

5. Teilgebiet

Bilder	Bezeichnung
77–82	Schleife
83–84	eine Hand unter dem Ellbogen
85–87	der goldene Hahn steht auf einem Bein rechts
88–89	der goldene Hahn steht auf einem Bein links
90–91	der goldene Hahn steht auf einem Bein rechts
92–93	diagonaler Flug
94–96	die Mähne des Pferdes teilen links
97–98	diagonaler Flug
99–101	der Kranich breitet seine Flügel aus

6. Teilgebiet

Bilder	Bezeichnung
102–109	Schritt nach vorne und linkes Knie streifen
110–112	die Nadel vom Meeresboden aufheben
113	Gitarre spielen
114–116	die Hände wie einen Fächer ausbreiten
117–119	sich umdrehen und mit der Faust boxen
120–124	zur Seite abwehren, Schritt nach hinten und boxen
125–127	Schritt nach vorne und Abwehr rechts
128–129	Abwehr links
130–131	Schritt nach vorne, nach hinten ziehen
132–133	Schritt nach vorne, nach vorne drücken
134	zurückrollen
135	nach vorne stoßen

7. Teilgebiet

Bilder	**Bezeichnung**
136–140	Schleife
141–150	Wolkenhände
151–153	Schleife
154–155	den Rücken des Pferdes streicheln
156–159	die Hände kreuzen und rechtes Bein heben
160–161	den Rücken des Pferdes streicheln
162–164	die Hände kreuzen und linken Fuß heben
165–167	sich umdrehen und dabei mit der Ferse treten
168–169	linkes Bein heben
170	Schritt nach vorne und linkes Knie streifen
171–173	Schritt nach vorne und rechtes Knie streifen
174–176	linken Fuß heben und mit den Fäusten nach unten boxen
177–178	Schritt nach vorne und nach unten boxen
179–180	sich umdrehen und mit der Faust boxen
181–183	Schritt nach vorne und den Rücken des Pferdes streicheln
184–186	die Arme kreuzen und rechtes Bein heben
187–190	den Tiger links treffen
191–193	den Tiger rechts treffen
194	den Rücken des Pferdes streicheln
195–196	die Arme kreuzen und rechtes Bein heben
197–199	die Ohren des Gegners mit der Faust treffen
200–206	Fußstoß zur Seite links
207–209	sich umdrehen und rechtes Bein heben
210–211	nach unten abwehren
212–215	Schritt nach vorne, zu den Seiten abwehren und boxen
216	zurückrollen, nach vorne stoßen

Ende des zweiten Teils (Himmel)

8. Teilgebiet (Verbindungsteil zwischen Himmel und Mensch)

Bilder	**Bezeichnung**
217–220	die Hände kreuzen
221–223	Schritt nach vorne und linkes Knie streifen
224–228	den Tiger zum Berg zurücktragen
229–236	den Sperling beim Schwanz fassen (Einzeltechniken s. o.)

9. Teilgebiet

Bilder	Bezeichnung
237–242	Schleife
243–246	die Mähne des Pferdes teilen rechts
247–249	die Mähne des Pferdes teilen links
250–253	die Mähne des Pferdes teilen rechts
254–256	die schöne Jadetochter wirft das Weberschiffchen links
257–258	die schöne Jadetochter wirft das Weberschiffchen rechts
259–260	die schöne Jadetochter wirft das Weberschiffchen links
261–264	die schöne Jadetochter wirft das Weberschiffchen rechts
265–273	den Sperling beim Schwanz fassen (Einzeltechniken s. o.)

10. Teilgebiet

Bilder	Bezeichnung
274–278	Schleife
279–287	Wolkenhände
288–291	gehockte Schleife
292–294	die Schlange kriecht nach unten
295–297	die Schlange zeigt ihre Zunge
298–299	der goldene Hahn steht auf einem Bein
300–302	Schritt nach hinten und den Affen abwehren rechts
303–305	Schritt nach hinten und den Affen abwehren links
306–308	Schritt nach hinten und den Affen abwehren rechts
309–310	diagonaler Flug
311–313	die Mähne des Pferdes teilen links
314–315	diagonaler Flug
316–318	der Kranich breitet seine Flügel aus

11. Teilgebiet

Bilder	**Bezeichnung**
319–326	Schritt nach vorne und linkes Knie streifen
327–329	die Nadel vom Meeresboden aufheben
330	Gitarre spielen
331–333	die Hände wie einen Fächer ausbreiten
334–336	sich umdrehen und mit der Faust boxen
337–341	zur Seite abwehren, Schritt nach vorne und boxen
342–344	Schritt nach vorne und Abwehr rechts
345–346	Abwehr links
347–348	nach hinten ziehen
349–350	nach vorne drücken
351	zurückrollen
352	nach vorne stoßen

12. Teilgebiet

Bilder	**Bezeichnung**
353–357	Schleife
358–367	Wolkenhände
368–370	Schleife
371–372	den Rücken des Pferdes streicheln
373–374	Schritt nach vorne und mit der Hand stechen
375–376	Drehung mit Fußstoß rechts
377–380	Schritt nach vorne und Fauststoß nach unten
381–392	den Sperling beim Schwanz fassen (Einzeltechniken s. o.)

13. Teilgebiet

Bilder	**Bezeichnung**
393–398	gehockte Schleife
399–401	die Schlange kriecht nach unten
402–403	Schritt nach vorne zu den sieben Sternen

404–409	Schritt zurück und den Tiger reiten
410–412	den Tiger zum Berg zurücktragen
413	die schöne Jadetochter wirft das Weberschiffchen links
414–415	die schöne Jadetochter wirft das Weberschiffchen rechts
416	horizontaler Tritt
417–419	den Bogen spannen und den Tiger schießen
420–424	zur Seite abwehren, Schritt nach vorne und boxen
425	zurückrollen
426	nach vorne stoßen
427–436	Abschluß
437–441	Schließen der Form

1

2

3

4

5

6

7

8

9

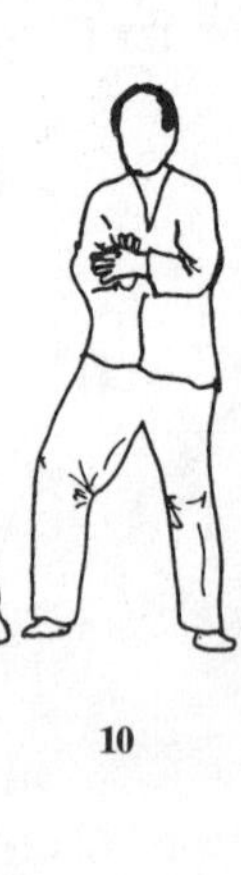
10

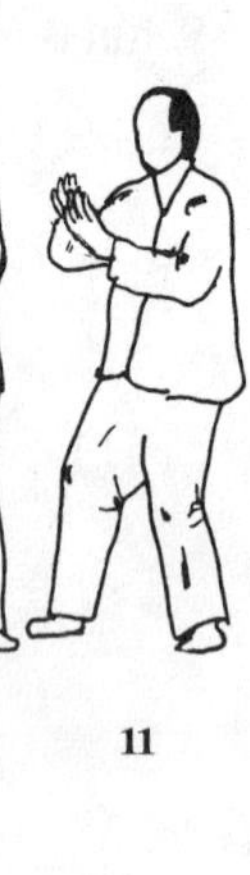
11

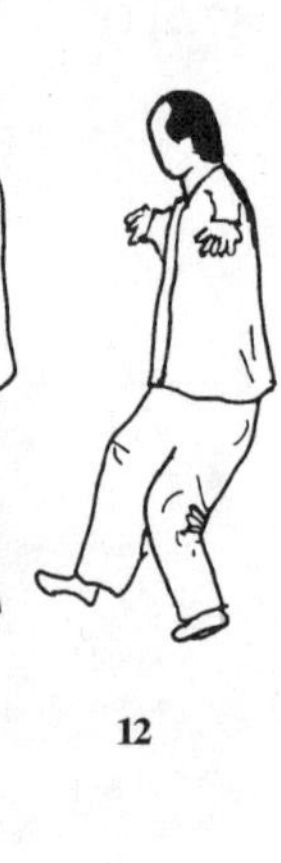
12

13

14

15

16

17

18 19 20 21 22 23

24 25 26 27 28 29

30 31 32 33 34 35 36

37 38 39 40 41 42

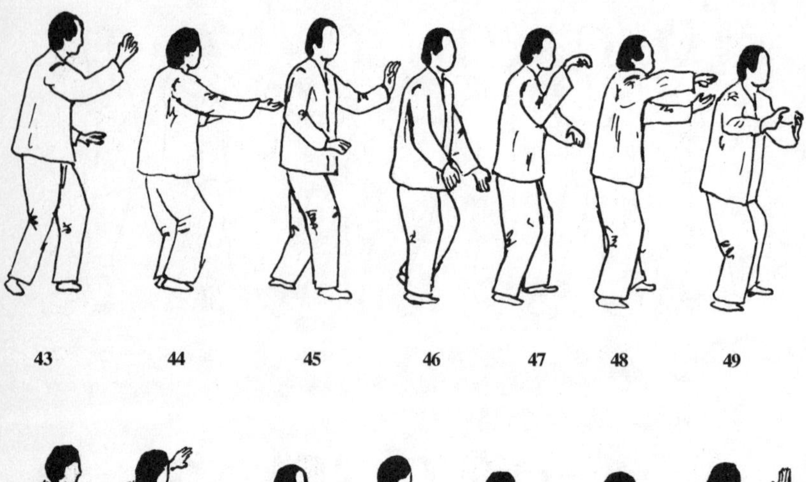

43 44 45 46 47 48 49

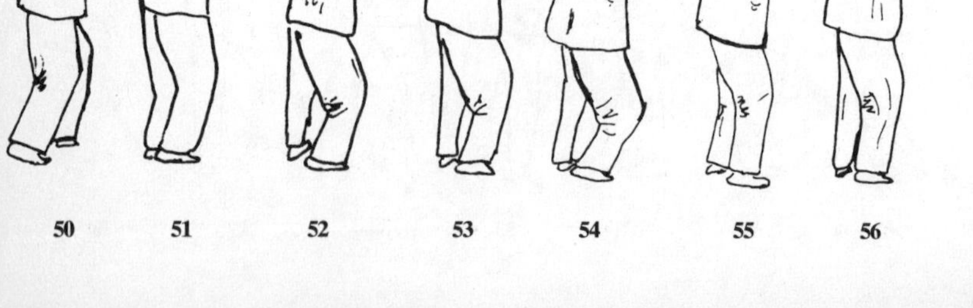

50 51 52 53 54 55 56

57

58

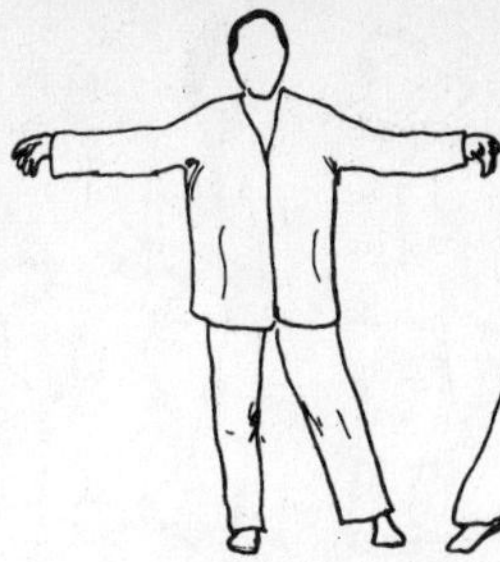
59

60

61

62

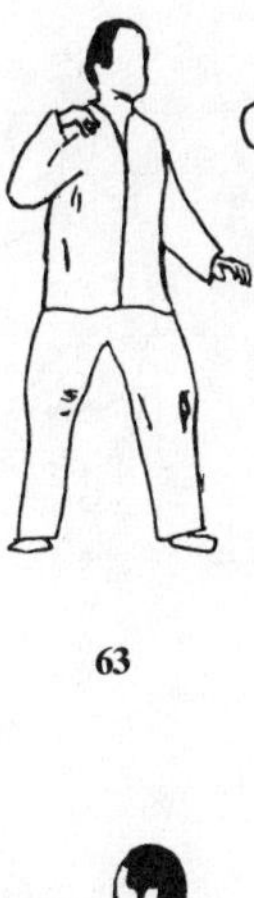
63

64

65

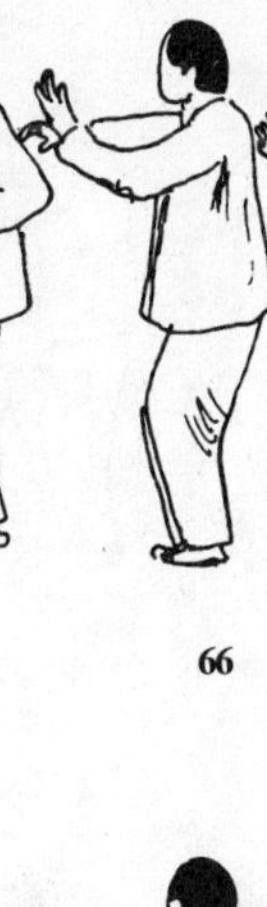
66

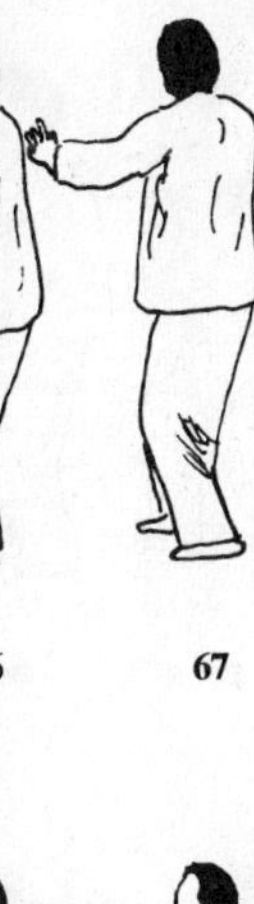
67

68

69

70

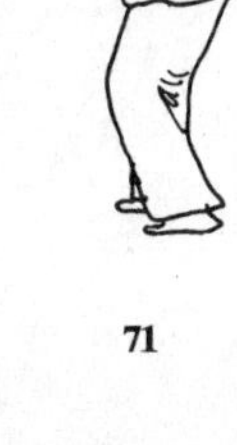
71

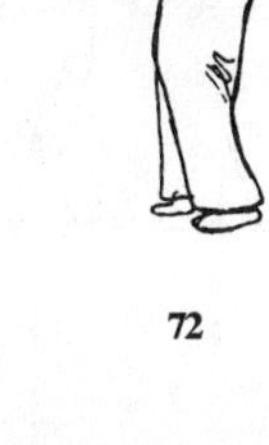
72

73

74

75 76 77 78 79 80 81

82 83 84 85 86 87 88

89 90 91 92 93 94 95

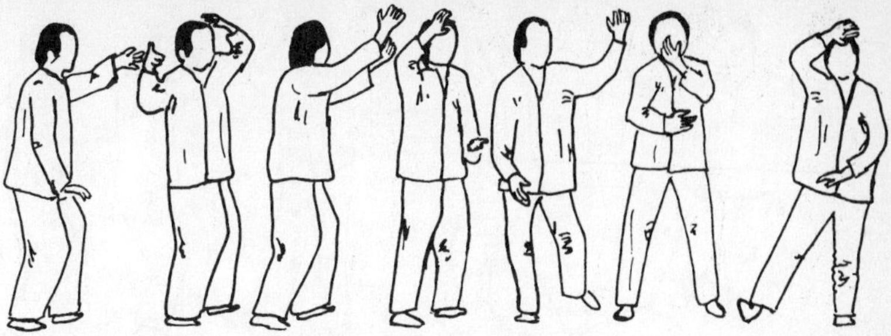

96 97 98 99 100 101 102

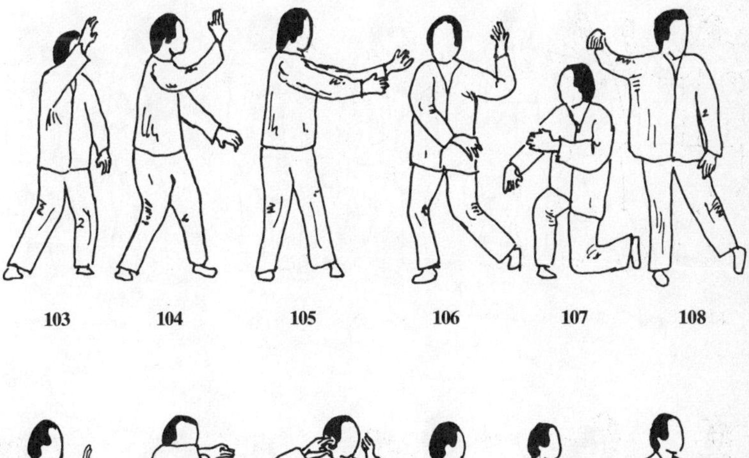

103 104 105 106 107 108

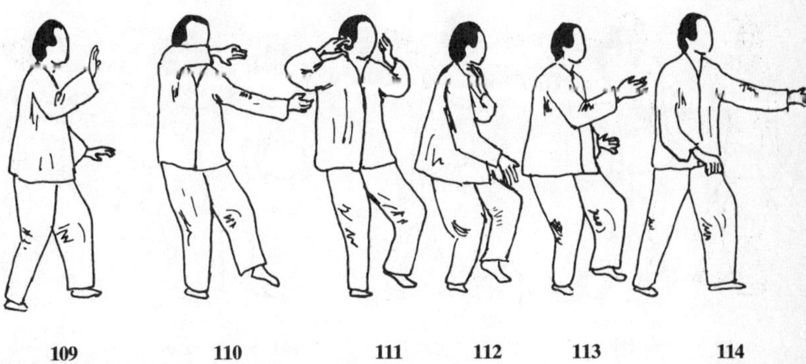

109 110 111 112 113 114

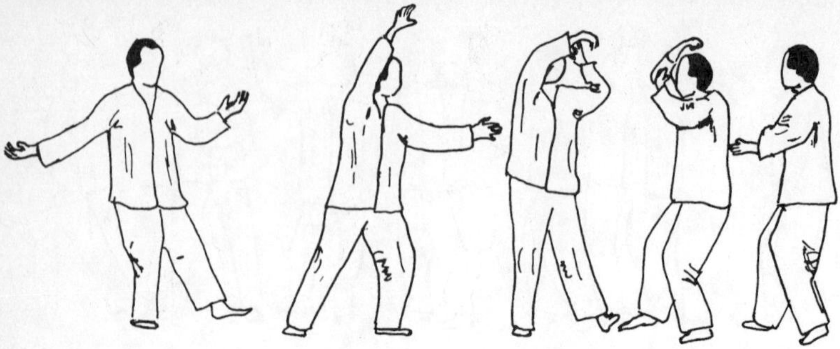

115 116 117 118 119

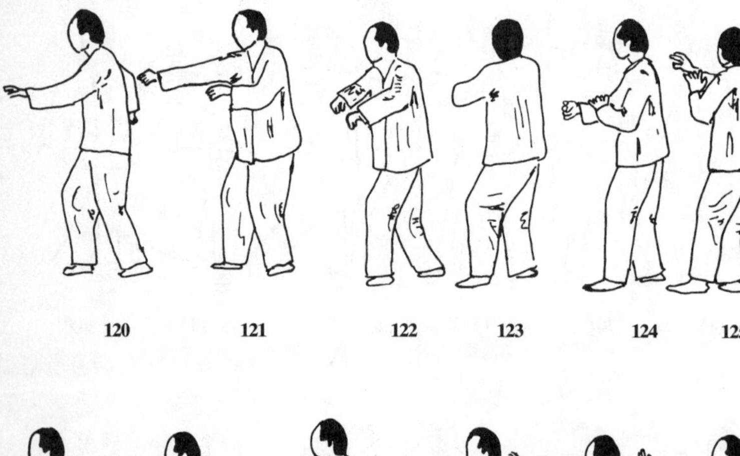

120 121 122 123 124 125

126 127 128 129 130 131

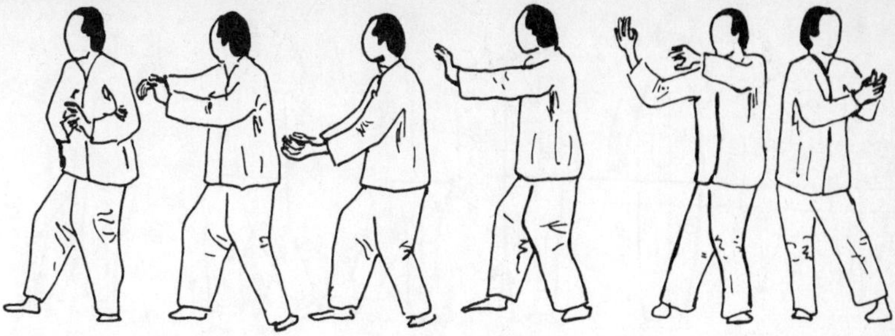

132 133 134 135 136 137

138 139 140 141 142

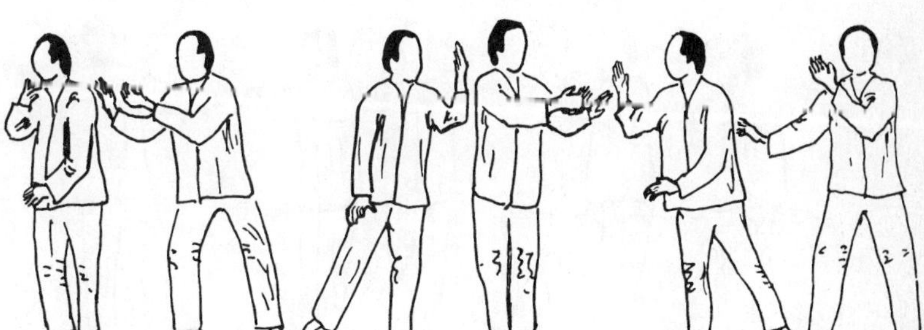

143 144 145 146 147 148

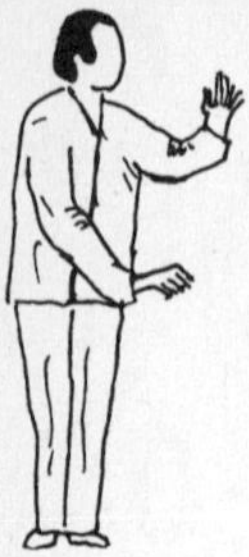
149

150

151

152

153

154

155

156

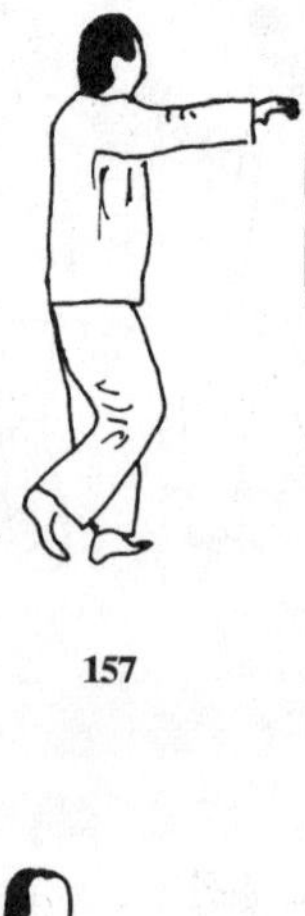
157

158

159

160

161

162

163

164

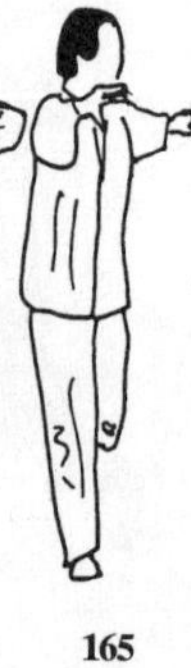
165

166

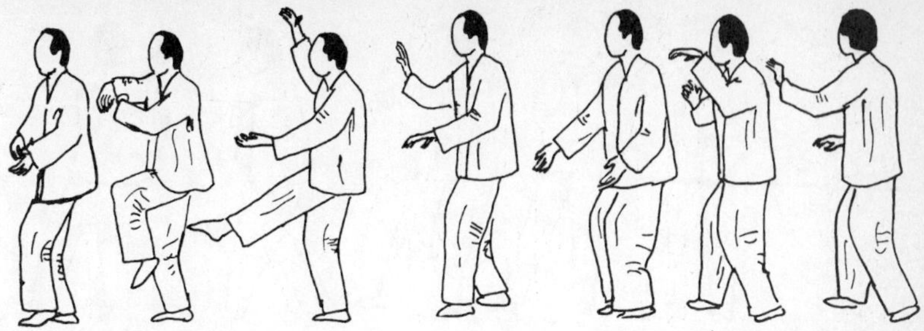

167 168 169 170 171 172 173

174 175 176 177 178 179 180

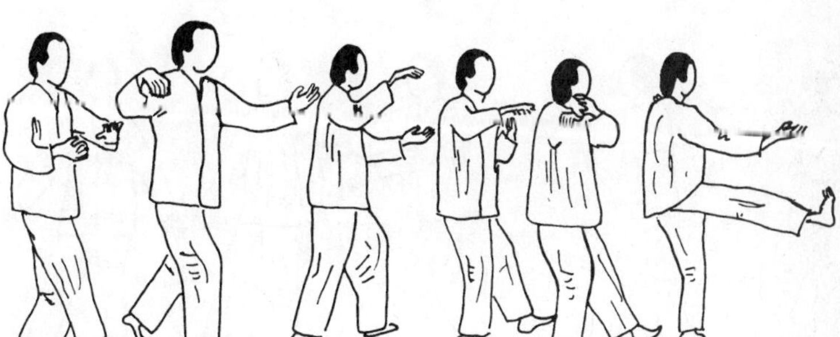

181 182 183 184 185 186

187

188

189

190

191

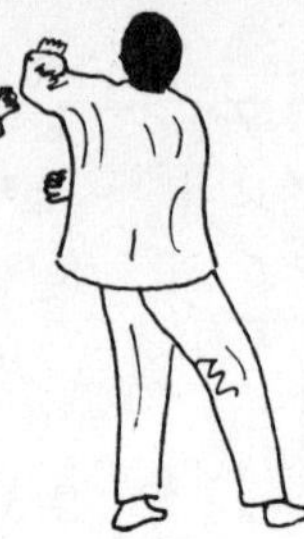

192

193

194

195

196

197

198

199

200

201

202

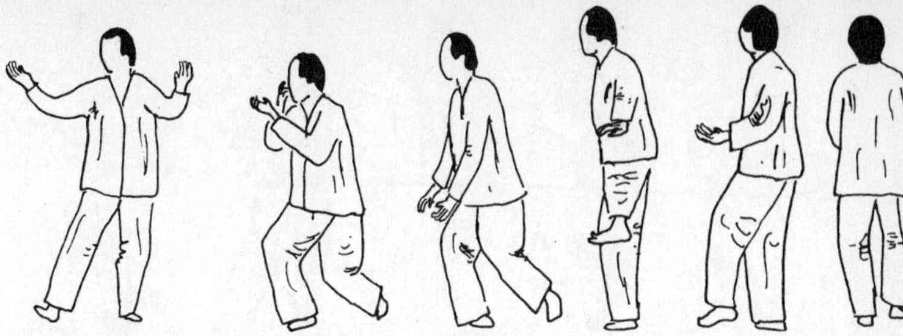

203 204 205 206 207 208

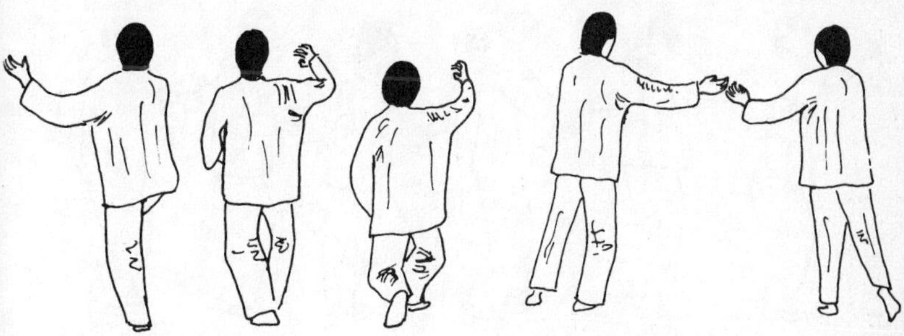

209 210 211 212 213

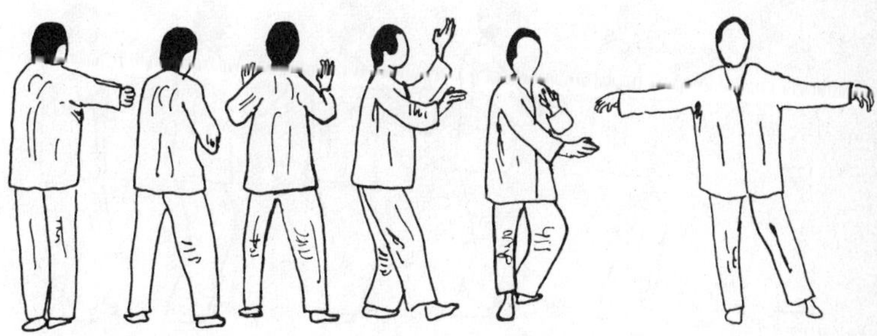

214 215 216 217 218 219

220

221

222

223

224

225

226

227
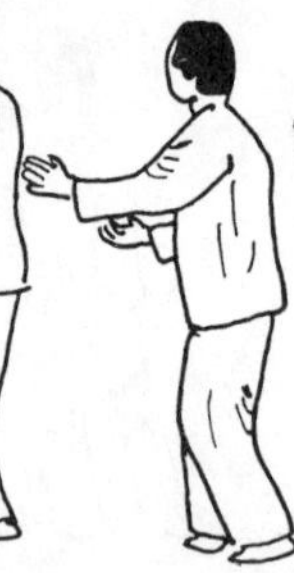
228

229

230

231

232

233

234

235

236

237

238 239 240 241 242 243

244 245 246 247 248

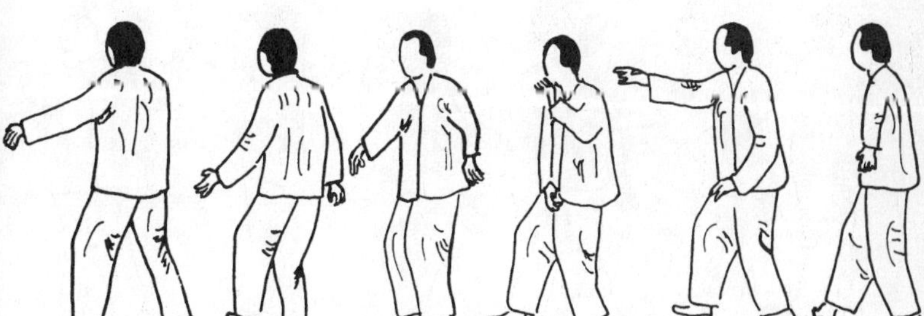

249 250 251 252 253 254

255

256

257

258

259

260

261

262

263

264

265

266

267

268

269

270

271

272

273

274

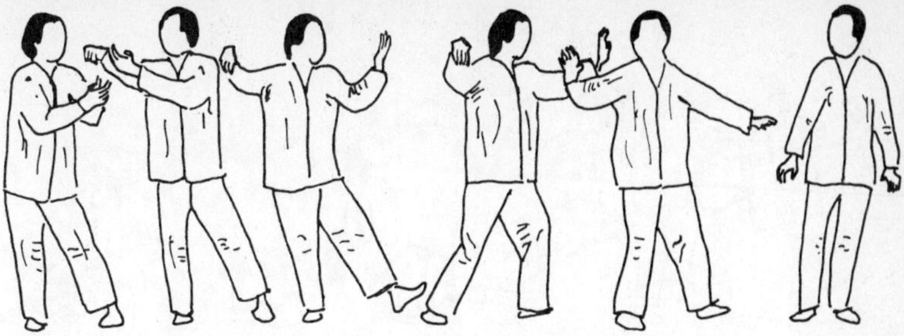

275 276 277 278 279 280

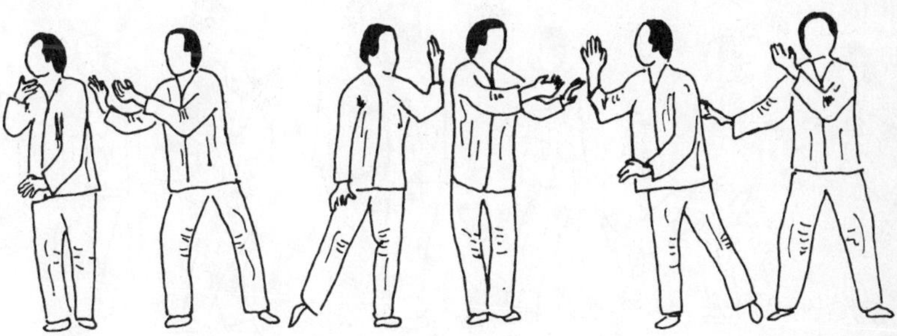

281 282 283 284 285 286

287 288 289 290

291

292

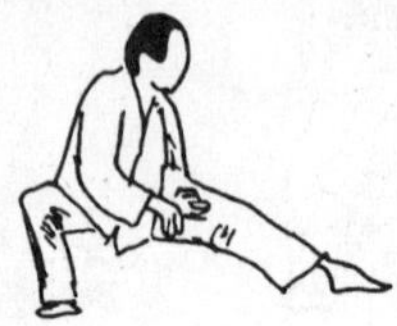

293

294

295

296

297

298

299

300

301

302

303

304

305

306

307

308

309

310

311

312

313

314

315

316

317

318

319

320

321

322

323

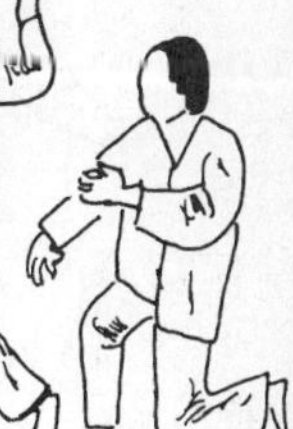
324

325

326

327

328

329

330

331

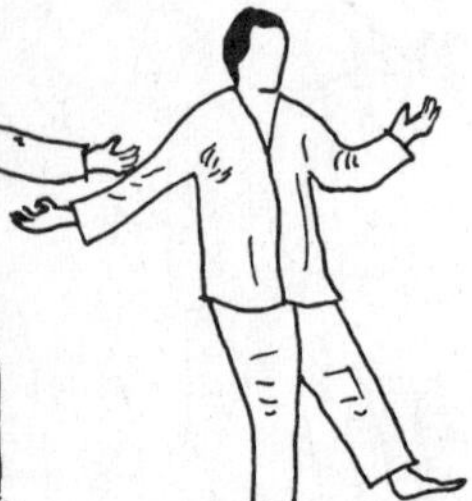
332

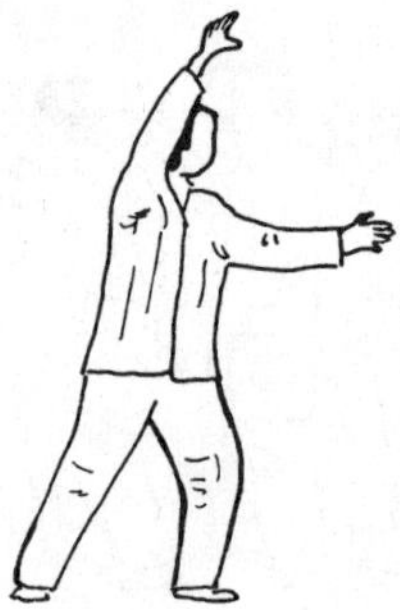
333

334

335

336

337

338

339

340

341

342

343

344

345

346

347

348

349

350

351

352

353

354

355

356

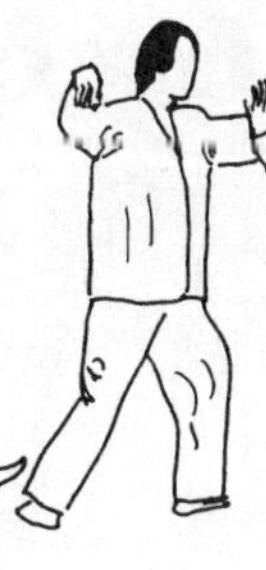
357

358

359 360 361 362 363 364

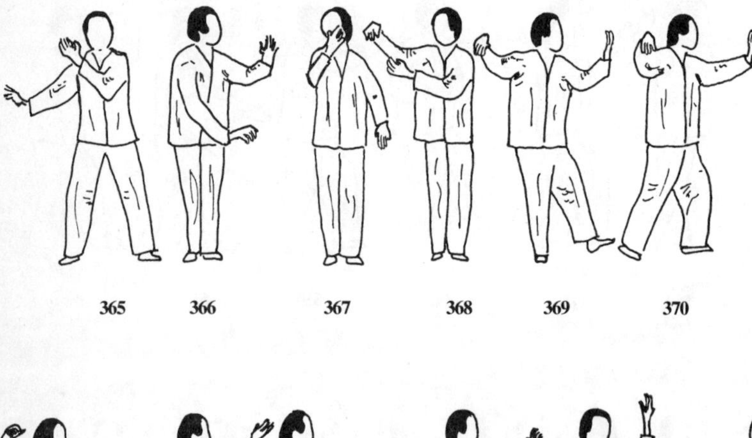

365 366 367 368 369 370

371 372 373 374 375 376

377

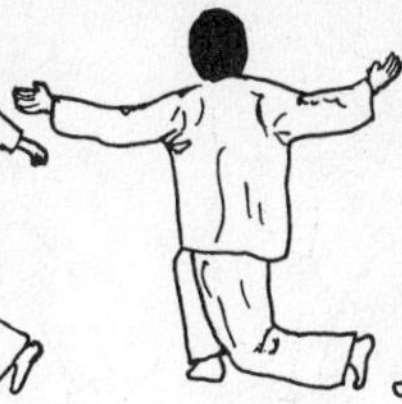
378

379

380

381

382

383

384

385

386

387

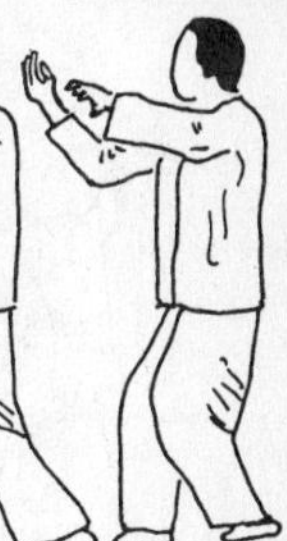
388

389

390

391

392

393

394

395

396

397

398

399

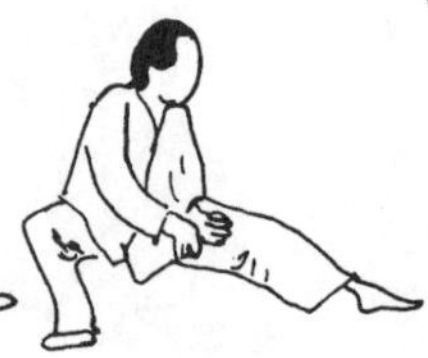

400

401

402

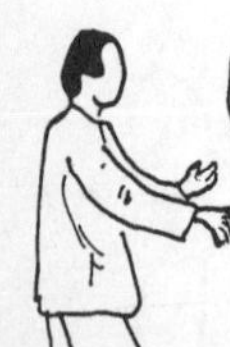

403

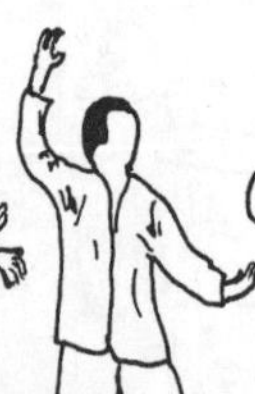

404

405

406

407

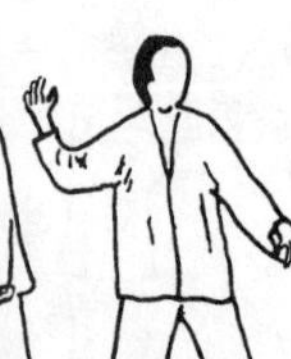

408

409

410

411

412

413

414

415

416

417

418

419

420

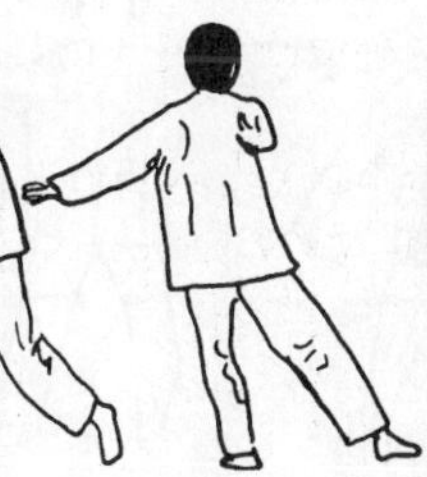
421

422

423

424

425

426

427

428

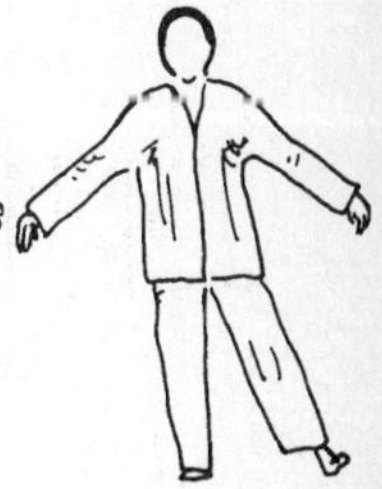
429

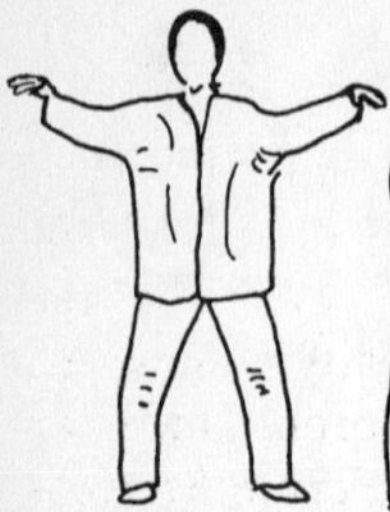
430

431

432

433

434

435

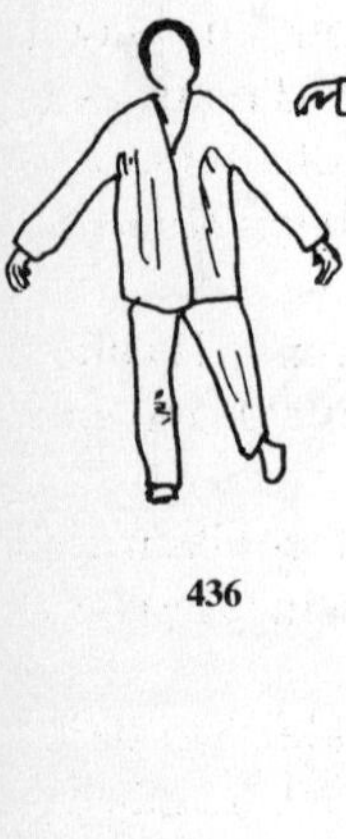
436

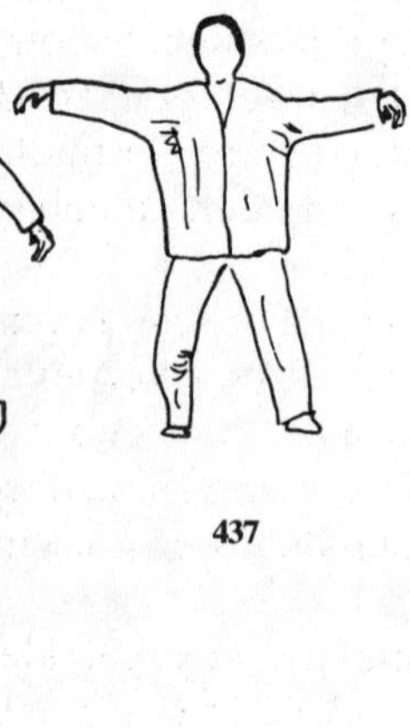
437

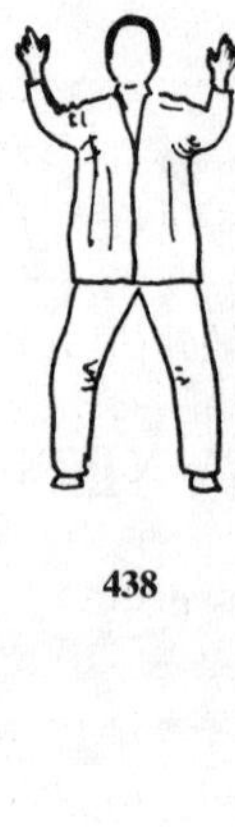
438

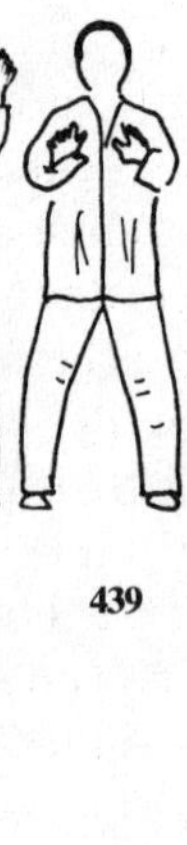
439

440

441

Die acht Brokatübungen

Hinter den acht Brokatübungen oder auch ‹acht Übungen zur Gesundheit› verbirgt sich ein Übungssystem, das bereits lange vor den in der heutigen Form bekannten und praktizierten Stilrichtungen des TAI CHI existiert hat. Über die Namensgebung gibt es unterschiedliche Auslegungen. Eine Interpretation besagt z. B., daß der Name eine Reverenz an die alten Chinesen sein soll, die ein langes und gesundes Leben mit der Schönheit und Farbenpracht eines kostbaren Stoffes verglichen.
Der Ursprung der Übungen ist unterschiedlich. Schon sehr lange vor Christi Geburt wurden spezielle Einzelübungen, die aus der Einsicht in die Nützlichkeit von Bewegung zur Gesundhaltung von Körper und Geist entstanden waren, von den damaligen Kaisern für das Volk angeordnet.
Auch in der taoistischen Meditation wurden schon immer Techniken zur Entspannung, zur Verbesserung und Vertiefung der Atmung sowie zur Steigerung der Konzentration geübt.
Im Laufe der Zeit sind aus einer Vielzahl von Einzeltechniken die für das ausgeprägte chinesische Gesundheitsbewußtsein typischen acht Brokatübungen entstanden.
Dabei sind die einzelnen Abläufe immer wieder geändert worden, so daß man heute eine Vielzahl von Versionen vorfindet. So gibt es z. B. Sequenzen, die im Sitzen oder aber mit unterschiedlichen Geschwindigkeiten ausgeführt werden sollen. Auch heute noch werden einzelne Bereiche nach rein persönlichen Gesichtspunkten abgewandelt, ohne daß damit die positiven gesundheitlichen Auswirkungen in Frage gestellt werden. Vielfach werden bestimmte Abläufe vereinfacht. Insbesondere bei den sehr tiefen Stellungen, die für Ungeübte oder Ältere äußerst anstrengend sein können, werden Positionen bevorzugt oder Ausführungen ausgewählt, die weniger strapaziös sind und deshalb leichter nachvollzogen werden können.

Allen unterschiedlichen Ausführungsarten gemeinsam sind aber die Namen, die schlagwortartig die Sequenz beschreiben. Auch die Anzahl der Übungen wurde unverändert beibehalten.
Die hier dargestellten Sequenzen sind eine japanische Variante der acht Brokatübungen. Das ganze System ist noch oder besser gesagt schon TAI CHI. Die Bewegungen sollen langsam und in Übereinstimmung mit der Atmung ausgeführt werden. Das bedeutet, daß nicht nur die persönliche Einstellung zu diesen Übungen, sondern auch die Konzentration während der Ausführung anders sein muß als bei den (westlichen) gymnastischen Einzelübungen.
Bei regelmäßiger Anwendung wird den acht Brokatübungen eine vielfältige heilende, kräftigende und vorbeugende Wirkung nachgesagt. Sie sollen u. a. das gesamte Nervensystem beruhigen, den Kreislauf stärken, Verspannungen im Nacken-, Schulter- und Rükkenbereich lösen und die Verdauungsorgane stärken.

Atmung

Der im westlichen Kulturkreis lebende Mensch nimmt seinen Atem kaum noch zur Kenntnis und hat dadurch die Fähigkeit verloren, den Körper ständig mit neuer Energie aufzutanken.
In allen östlichen Entspannungstechniken, ob nun TAI CHI, den acht Brokatübungen oder den vielen anderen Systemen, spielt die Entwicklung und Pflege des Atems eine vorherrschende Rolle. Oberstes Ziel ist es, aus der Luft für den Menschen den größtmöglichen Nutzen zu ziehen.
Das richtige Atmen gilt als Grundvoraussetzung zur Gesunderhaltung von Körper und Geist und gewinnt langsam auch im Westen immer mehr an Bedeutung.
Der Atem soll ruhig, tief und gleichmäßig sein. Gleichmäßig bedeutet nicht, daß die einzelnen Phasen des Ein- und Ausatmens gleich lang sein müssen. Atmung und Bewegung sind harmonisch aufeinander abgestimmt.
Da aber die einzelnen Bewegungsabläufe von unterschiedlicher

Länge sind, müssen dementsprechend auch die Phasen des Atmens unterschiedlich lang sein.
Das gleichmäßige Atmen ist so zu verstehen, daß Sie versuchen müssen, ohne Hast und Anspannung zu atmen. Dies erreichen Sie nur, wenn Sie wieder lernen, ‹mit dem Bauch› zu atmen, also auf die bei Erwachsenen übliche Brustatmung zu verzichten.
Nachfolgend möchte ich Ihnen eine Möglichkeit zeigen, die Bauchatmung wieder zu erlernen.
Dazu bedarf es von Ihrer Seite wieder etwas Vorstellungskraft, denn Sie müssen sich bei der Bauchatmung auf ein ‹Organ› ihres Körpers konzentrieren, das es im Grunde genommen gar nicht gibt.
In den östlichen Kulturen hat dieses ‹Organ› oder diese Stelle eine große Bedeutung und gilt als Quelle fast unerschöpflicher Kraft und Energie.
Um diesen ‹Einen Punkt› zu erkennen und immer wiederzufinden, drücken Sie mit einem Finger etwa drei Finger breit unterhalb des Bauchnabels auf die Bauchdecke. Verfolgen und verlängern Sie gedanklich den Berührungsimpuls ein kleines Stück nach innen, und Sie haben den ‹Einen Punkt› gefunden.

Versuchen wir einmal gemeinsam mit dem Bauch zu atmen und dabei die Theorie in die Praxis umzusetzen. Dazu nehmen Sie am besten die TAI CHI-Grundstellung ein (s. o.). Atmen Sie langsam ein, und nehmen Sie das Einströmen Ihres Atems durch Nase und Brustraum bewußt wahr. Begleiten und lenken Sie Ihren Atem gedanklich hinunter zum ‹Einen Punkt› (drücken Sie anfangs zur Übung die oben beschriebene Stelle unter Ihrem Bauchnabel). Sie werden feststellen, daß der Bauch hervortritt, daß sich die Lungen bis in die untersten Spitzen mit Luft füllen und daß Brust und Schultern dabei nicht angehoben werden. Beim Ausatmen nehmen Sie auch wieder das Ausströmen Ihres Atems durch Brustraum und Nase bewußt wahr, und begleiten und lenken Sie auch hier wieder gedanklich Ihren Atem. Ziehen Sie dabei den Finger von Ihrem Bauch zurück.
Mit Begleiten und Lenken des Atems ist nicht gemeint, daß Sie Ihre Atemwege in Gedanken ‹medizinisch› abtasten sollen, son-

dern es ist darunter zu verstehen, daß die Atmung von Ihnen konzentriert und kontrolliert ausgeführt werden soll.
Vielfach werden zum besseren Verständnis und Lernen auch hier wieder ‹Bilder› angeboten, die die Vorstellungskraft anregen und das ‹In-den-Bauch-Atmen› erleichtern sollen. Am besten gefällt mir das Bild des Nasentropfers.
Sie alle kennen die zu beiden Seiten offenen Glasröhrchen, bei denen sich an einem Ende ein kleiner Gummiballon befindet. Die Vorstellung, daß Sie selbst ein umgekehrter Nasentropfer sein sollen, hört sich zwar merkwürdig an, kann aber hilfreich sein.
Beim Drücken des Ballons strömt die Luft durch das Glasröhrchen heraus, dieser Vorgang entspricht dem Ausatmen. Beim Entlasten des Ballons wird die Luft eingesogen, dieser Vorgang entspricht dem Einatmen.
Wenn Ihnen also mehr die Vorstellung hilft, daß sich beim Atmen in den ‹Einen Punkt› dort unten immer der kleine Gummiballon aufbläht und wieder zusammengedrückt wird, so verwenden Sie dieses ‹Bild›. Mit zunehmender Übung können Sie auf diese geistigen Hilfsmittel und auf das Drücken der Stelle unterhalb Ihres Nabels verzichten.
Das Atmen wird eine ganz andere, auch für Sie feststellbare Qualität haben als bisher. Sie werden das Atmen ‹in den Bauch› als wohltuend, entspannend, harmonisierend und kraftvoll empfinden. Üben Sie die bewußte ‹Bauchatmung› immer wieder.

Hinweise zum Üben

Die folgende Beschreibung und die sehr ausführlichen Zeichnungen sind als Anleitung zum Selbststudium gedacht. Danach wird die zweite, dritte, vierte und siebente Sequenz zuerst nach links und dann nach rechts ausgeführt, die fünfte Sequenz beginnt erst auf der rechten Seite und wird anschließend links wiederholt.
Zum besseren Verständnis sind die Zeichnungen mit Symbolen ● (schwarzer Kreis) für das Einatmen und ▨ (schraffierter Kreis) für das Ausatmen gekennzeichnet.
Bei den Übungen, die sowohl nach links als auch nach rechts ausgeführt werden, entspricht die letzte Stellung des Durchgangs nach links der Ausgangsstellung für den Durchgang nach rechts (bei der fünften Sequenz erst nach rechts und dann nach links). Atmen Sie in dieser Stellung erst aus und dann wieder ein; deshalb finden Sie unter diesen Zeichnungen beide Symbole.

- Um sich mit den Übungen und der Art der Ausführung vertraut zu machen, sehen Sie sich zur Einstimmung erst einmal die Bilder jeder Sequenz an. Lesen Sie anschließend in Ruhe den Text.
- Achten Sie auf die unterschiedlichen Stellungen zu Beginn einer jeden Sequenz.
- Lernen Sie immer erst dann eine Übung, wenn Sie die vorangegangene beherrschen. Wie oft Sie eine oder alle Übungen ausführen, bestimmen Sie ganz allein. Machen Sie alle acht Übungen, halten Sie die Reihenfolge ein.
- Achten Sie genau darauf, daß die Atmung mit den Bewegungsabläufen übereinstimmt.
- Vermeiden Sie anfangs die besonders tiefen Stellungen der zweiten, fünften und siebenten Sequenz und auch den Wechsel vom ganz tiefen zum erhöhten Stand. Das sind Variationen, die Sie auch erst zu einem späteren Zeitpunkt in Ihr Übungsprogramm mit einbeziehen können. Es ist vollkommen ausreichend, wenn Sie hier gegenüber der TAI CHI-Grundstellung die Beine etwas weiter auseinander positionieren und dadurch

schon tiefer stehen. Wenn Sie das beachten, vermeiden Sie gleich zu Beginn einen kräftigen Muskelkater und unnötigen Frust. Versuchen Sie, erst im Laufe der Zeit hier eine Ihrer Leistungsfähigkeit entsprechende Steigerung zu erreichen. Sollten Sie trotz ständiger Übung in diesem Punkt keine Fortschritte erzielen, brauchen Sie keine Angst zu haben, daß auch die wohltuende Wirkung und der gesundheitliche Charakter der Übungen für Sie verlorengehen. Viel wichtiger ist, daß die Art der Ausführung, also die Übereinstimmung von Atmung und Bewegung, gewährleistet bleibt.

Vorbereitung

Nehmen Sie die TAI CHI-Grundstellung ein, und konzentrieren Sie sich nur auf Ihren Atem. Verfolgen Sie den Strom Ihres Atems bis zum ‹Einen Punkt› und von dort wieder zurück.
Versuchen Sie, die Phasen des Ein- und Ausatmens immer länger und ruhiger werden zu lassen.
Wenn der Atem gleichmäßig und tief fließt, heben Sie beim Einatmen langsam die Hände bis in Schulterhöhe. Lassen Sie die Hände ganz locker hängen, also nicht die Finger gewaltsam nach unten drücken. Achten Sie darauf, daß die Arme nicht gestreckt sind, sondern in den Ellbogen nach außen hin etwas gerundet sind.
Atmen Sie wieder aus, und senken Sie langsam die Hände. Hierbei können Sie sich vorstellen, daß Sie die Hände auf eine Wasseroberfläche gelegt haben und nun sanft gegen den Widerstand des Wassers nach unten drücken. Wiederholen Sie diesen Vorgang, so oft Sie wollen!
Dieses Heben und Senken der Hände ist eine der schönsten Übungen. Durch das gedankliche Lenken des Atems bis zum ‹Einen Punkt› und von dort wieder nach oben sowie das begleitende Heben und Senken der Hände erfahren Sie auf recht einfache Weise einen Zustand von geistiger und körperlicher Entspannung. Diese tritt dann ein, wenn Sie nicht mehr feststellen können und wollen, ob das Heben der Hände das Einatmen oder das Einatmen das Heben der Hände bewirkt. Beide Aktivitäten hängen voneinander ab und bilden eine harmonische Einheit.

1. Sequenz: Den Himmel mit beiden Händen stützen

Nehmen Sie die TAI CHI-Grundstellung ein, und lassen Sie die Arme und die Hände locker an der Seite herunterhängen.

- Beginnen Sie einzuatmen, und falten Sie die Hände vor Ihrem Bauch mit den Handflächen nach oben. Heben Sie die gefalteten Hände bis in Kinnhöhe, wobei die Handflächen immer Ihnen zugewandt sind.
- Beginnen Sie auszuatmen, und senken Sie die immer noch gefalteten Hände in einer kleinen Kreisbewegung wieder bis in Bauchhöhe. Während der Abwärtsbewegung zeigen die Handflächen nach unten.
- Beginnen Sie einzuatmen, und heben Sie die immer noch gefalteten Hände in einer runden Bewegung bis über den Kopf. Während der Aufwärtsbewegung zeigen die Handflächen vom Körper weg und sind zum Schluß nach oben gerichtet.
- Beginnen Sie auszuatmen, lösen Sie die Finger und führen Sie die Hände in einer seitlichen Kreisbewegung nach unten.

Sie stehen wieder in der TAI CHI-Grundstellung.

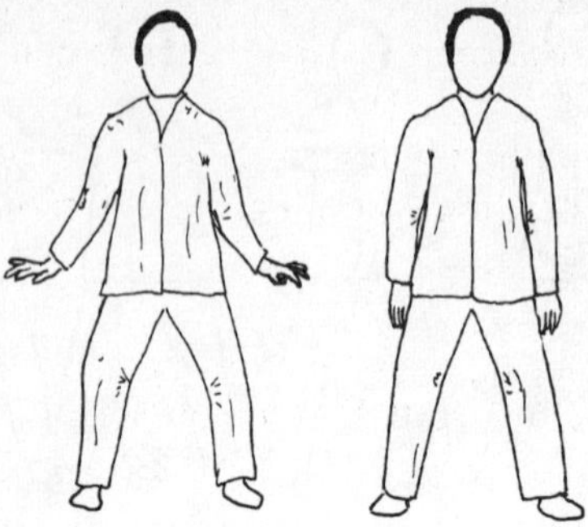

2. Sequenz: Den Bogen spannen und den Adler schießen

Nehmen Sie einen sehr tiefen Stand ein, wobei die Zehen nach außen gerichtet sind. Auf der Zeichnung können Sie sehen, daß Unter- und Oberschenkel fast im rechten Winkel zueinander stehen.
Bemühen Sie sich, den Rücken gerade zu halten und nicht den Po nach hinten zu drücken.
Lassen Sie anfangs die Hände locker vor sich nach unten hängen.

- Beginnen Sie einzuatmen, und heben Sie die sich allmählich zu einer sanften Faust schließenden Hände bis in Brusthöhe, dabei nehmen Sie einen etwas erhöhten Stand ein.
- Beginnen Sie auszuatmen, und drehen Sie den Kopf nach links. Gleichzeitig bewegen Sie die linke Hand, immer in Schulterhöhe, nach links außen, wobei Sie mit Zeige- und Mittelfinger ein ‹V› formen, Daumen und Ringfinger berühren sich sanft. Während dieses Vorganges bleibt die rechte Hand weiterhin halb geschlossen, der gebeugte Arm wird aber ein klein wenig nach rechts außen bewegt, etwa so, als wenn Sie einen Bogen spannen wollen. Während dieser Bewegung gehen Sie langsam in die ganz tiefe Ausgangsstellung zurück.
- Beginnen Sie einzuatmen, und führen Sie die linke Hand, die sich allmählich wieder zur lockeren Faust schließt, und die rech-

te, immer noch halb geschlossene Hand, vor den Körper in Brusthöhe zurück. Nehmen Sie dabei wieder den etwas erhöhten Stand ein.

- Beginnen Sie auszuatmen, und senken Sie die sich allmählich öffnenden Hände. Nehmen Sie wieder den tiefen Stand wie in der Ausgangsstellung ein.

Wiederholen Sie diese Sequenz entsprechend den Zeichnungen, und spannen Sie den Bogen auf der rechten Seite.

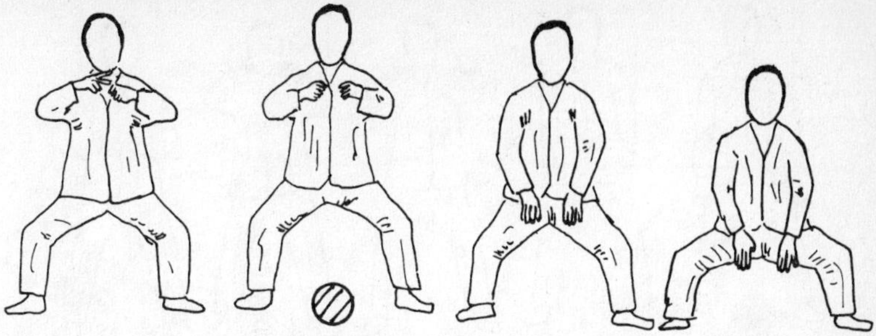

3. Sequenz: Eine Hand heben

Nehmen Sie wieder die TAI CHI-Grundstellung wie in der ersten Sequenz ein.

- Beginnen Sie einzuatmen, und heben Sie beide Hände mit den Handflächen nach oben bis in Schulterhöhe.
- Beginnen Sie auszuatmen, und drehen Sie die Handflächen in einer kleinen Kreisbewegung wieder nach unten. Senken Sie beide Hände bis etwa in Bauchhöhe.
- Beginnen Sie einzuatmen, und führen Sie von der Bauchhöhe die rechte Hand neben den rechten Oberschenkel, die Handfläche zeigt nach unten. Gleichzeitig wird die linke Hand in einer Kreisbewegung bis über den Kopf bewegt. Die Handfläche ist von Ihnen abgewandt und zeigt zum Ende der Bewegung nach oben.
- Beginnen Sie auszuatmen, und führen Sie die linke Hand in einem großen seitlichen Bogen neben den linken Oberschenkel.

Wiederholen Sie diese Sequenz entsprechend den Zeichnungen, und heben Sie die rechte Hand.
Zum Schluß stehen Sie wieder in der TAI CHI-Grundstellung.

4. Sequenz: Hinter sich blicken

Nehmen Sie wieder die TAI CHI-Grundstellung wie in der ersten Sequenz ein.

- Beginnen Sie einzuatmen, und heben Sie beide Hände mit den Handflächen nach oben bis in Schulterhöhe hoch.
- Beginnen Sie auszuatmen, und drehen Sie die Handflächen in einer kleinen Kreisbewegung nach unten, und führen Sie beide Hände wieder nach unten. Gleichzeitig drehen Sie den Kopf zur linken Seite.
- Beginnen Sie einzuatmen, und heben Sie beide Hände mit den Handflächen nach oben bis in Schulterhöhe, und drehen Sie dabei den Kopf zurück zur Mitte.
- Beginnen Sie auszuatmen, und senken Sie wieder beide Hände mit den Handflächen nach unten. Gleichzeitig drehen Sie den Kopf nach rechts.
- Beginnen Sie einzuatmen, und heben Sie beide Hände mit den Handflächen nach oben bis in Schulterhöhe, und drehen Sie dabei den Kopf zurück zur Mitte.
- Beginnen Sie auszuatmen, und senken Sie wieder beide Hände mit den Handflächen nach unten. Dabei bleibt der Kopf in der Mitte.

Wiederholen Sie diese Sequenz entsprechend den Zeichnungen, und blicken Sie rechts hinter sich.

Zum Schluß stehen Sie wieder in der TAI CHI-Grundstellung.

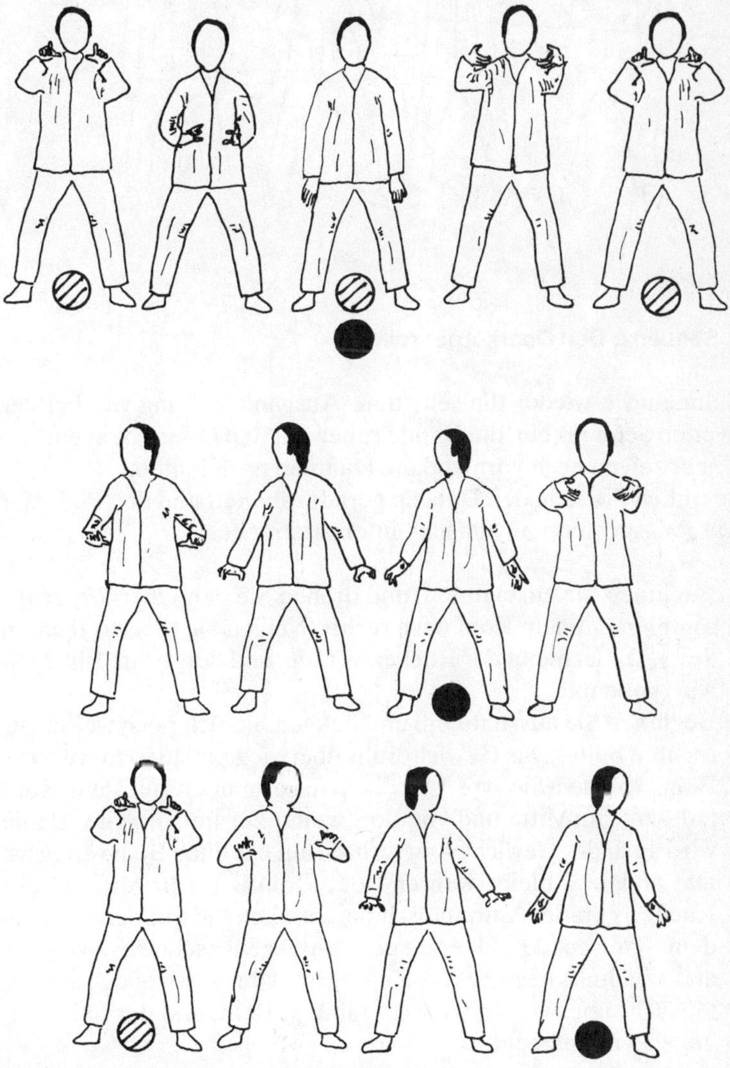

5. Sequenz: Den Oberkörper rollen

Nehmen Sie wieder die sehr tiefe Ausgangsstellung wie bei der zweiten Sequenz ein, die Hände ruhen auf den Oberschenkeln, die Finger zeigen nach vorn und die Daumen nach hinten.
Bemühen Sie sich, den Rücken geradezuhalten und den Po in der Ausgangsposition nicht nach hinten zu strecken.

- Beginnen Sie einzuatmen, und drehen Sie den Oberkörper zusammen mit dem Kopf nach rechts. Neigen Sie sich zur rechten Seite. Dabei bleibt der Rücken gerade, und der rechte Ellbogen wird gebeugt.
- Beginnen Sie auszuatmen, und beugen Sie sich noch weiter zur rechten Seite. Das Gewicht ruht überwiegend auf dem rechten Bein. Kreisen Sie den Oberkörper zusammen mit dem Kopf langsam zur Mitte und von dort weiter zur linken Seite. Dabei wird auch das Gewicht vom rechten auf das linke Bein verlagert. Die Neigung bleibt während der Rotation erhalten und der Rücken gerade. Automatisch beschreiben Sie mit dem Po eine dem Kreisen des Oberkörpers entgegengesetzte Bewegung, also von links nach rechts. Zum Schluß der Bewegung ruht das Gewicht überwiegend auf dem linken Bein, und der linke Ellbogen wird gebeugt.

- Beginnen sie einzuatmen, und richten Sie sich dabei wieder etwas auf. Ziehen Sie auch den Po wieder ein. Der Rücken bleibt weiterhin gerade.
- Beginnen Sie auszuatmen, und beugen Sie sich wieder weit zur linken Seite. Das Gewicht ruht überwiegend auf dem linken Bein. Drehen Sie den Oberkörper zusammen mit dem Kopf langsam zur Mitte und von dort weiter zur rechten Seite. Dabei wird auch das Gewicht vom linken auf das rechte Bein verlagert. Die Neigung bleibt während der Rotation erhalten und der Rücken gerade. Automatisch beschreiben Sie mit dem Po eine dem Kreisen des Oberkörpers entgegengesetzte Bewegung, also von rechts nach links. Zum Schluß der Bewegung ruht das Gewicht überwiegend auf dem rechten Bein, und der rechte Ellbogen wird gebeugt.
- Beginnen Sie einzuatmen, richten Sie den Oberkörper wieder ganz auf, und ziehen Sie auch den Po wieder ein.
- Atmen Sie in dieser Position auch aus.

Wiederholen Sie diese Sequenz entsprechend der Zeichnung, und rollen Sie den Oberkörper von links nach rechts.

6. Sequenz: Mit beiden Händen die Füße fassen

Nehmen Sie wieder die TAI CHI-Grundstellung wie in der ersten Sequenz ein.

- Beginnen Sie einzuatmen, und führen Sie die Hände etwas nach hinten, die Handflächen zeigen nach unten. Heben Sie die Hände in einer großen Kreisbewegung nach oben, wobei Sie gleichzeitig die Knie langsam durchdrücken, die Handflächen zeigen immer nach außen und zum Ende der Bewegung nach oben. Sehen Sie Ihren Händen nach, wobei Sie auch den Kopf nach oben drehen.
- Beginnen Sie auszuatmen, und beugen Sie sich, indem Sie in der Leiste einknicken, nach vorn. Der Rücken bleibt gerade, und die Knie sind durchgedrückt. Fassen Sie mit beiden Händen Ihre Knöchel.
- Beginnen Sie einzuatmen, und richten Sie sich langsam Wirbel für Wirbel wieder auf. Dabei knicken Sie mit den Knien ein, und machen Sie den Rücken rund. Der Kopf hängt locker nach vorn. Wichtig ist, daß Sie wirklich den Atem in den ‹Einen Punkt› lenken. Zum Schluß dieser Bewegung werden Sie fühlen, daß die Schultern ganz schwer werden.
- Beginnen Sie auszuatmen, und richten Sie den Kopf auf.

Sie stehen wieder in der TAI CHI-Grundstellung.

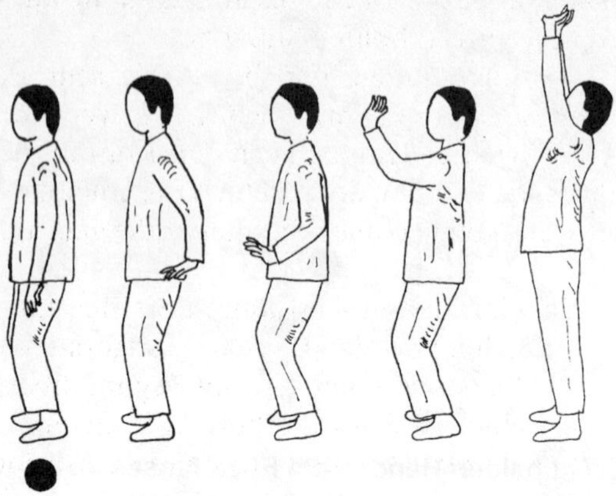

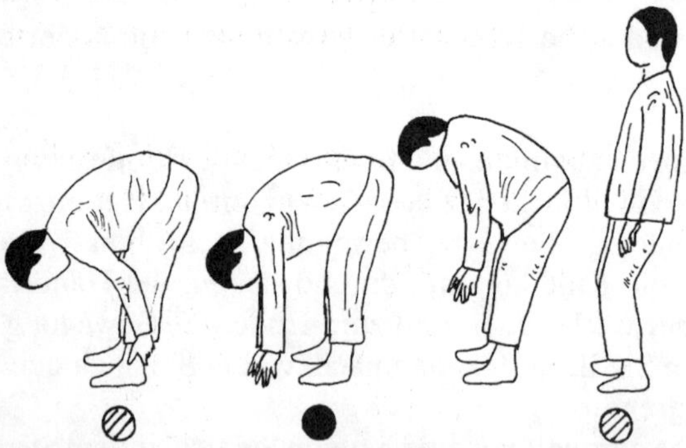

7. Sequenz: Die Fäuste ballen

Nehmen Sie wieder die sehr tiefe Ausgangsstellung wie bei der zweiten und fünften Sequenz ein. Lassen Sie anfangs die Hände locker vor sich nach unten hängen.
Bemühen Sie sich, den Rücken geradezuhalten und nicht den Po nach hinten zu strecken.

- Beginnen sie einzuatmen, und ballen Sie die Hände allmählich zu einer lockeren Faust, also nicht die Finger zusammendrükken, und heben Sie die Fäuste bis in Brusthöhe an. Dabei nehmen Sie einen etwas erhöhten Stand ein.

- Beginnen Sie auszuatmen, und boxen Sie schräg links nach vorn, wobei Sie aber den Arm nicht ganz strecken, und sehen Sie der Faust nach, indem Sie auch den Kopf in die Blickrichtung drehen. Die Position der rechten Faust bleibt unverändert. Bei dieser Bewegung nehmen Sie wieder die ganz tiefe Stellung ein.
- Beginnen Sie einzuatmen, und führen Sie die linke Faust zur Mitte zurück, richten Sie den Blick wieder geradeaus, und führen Sie beide Fäuste in einer Kreisbewegung über den Kopf. Dabei nehmen Sie einen etwas erhöhten Stand ein.
- Beginnen Sie auszuatmen, und öffnen Sie die Hände. Führen Sie die Hände in einem großen Bogen seitwärts zur Ausgangsposition zurück, und nehmen Sie wieder die sehr tiefe Stellung ein.

Wiederholen Sie diese Sequenz entsprechend den Zeichnungen, und boxen Sie mit der rechten Faust schräg nach vorn.

8. Sequenz: Den Rücken schütteln

Sie stehen aufrecht, die Füße an den Fersen fast zusammen, und die Fußspitzen zeigen etwas nach außen, die Handflächen zeigen nach unten und befinden sich neben den Oberschenkeln.

- Beginnen Sie einzuatmen, und verlagern Sie das Gewicht auf die Fußspitzen. Heben Sie langsam die Fersen immer höher an, wobei Sie Ihr Gleichgewicht halten müssen. Konzentrieren Sie sich ganz auf die Atmung in Ihrem Bauch, und kneifen Sie etwas die Pobacken zusammen.
- Beginnen Sie auszuatmen, und verlagern Sie plötzlich das Gewicht nach hinten. Lassen Sie sich ruckartig auf die Fersen plumpsen, wobei Sie sich ganz entspannen. Die Haltung der Arme und Hände sowie die Position des Oberkörpers bleiben während dieser Übung unverändert.

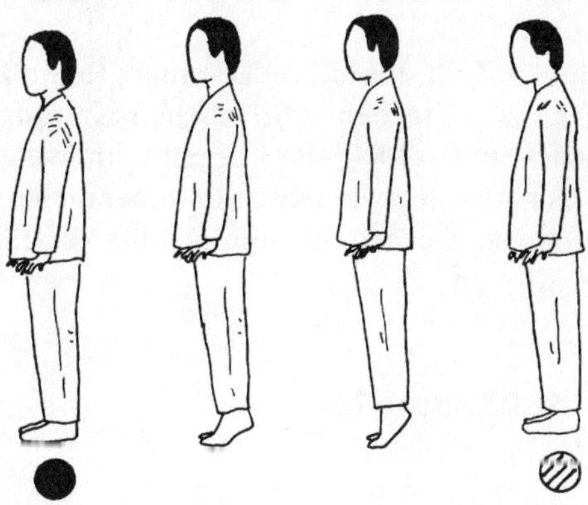

TAI CHI und die Kampfkünste

Ganz bewußt habe ich in allen Kapiteln darauf verzichtet, Sie mit chinesischen Namen und Bezeichnungen, unterschiedlichen Schreibweisen und Aussprachen zu konfrontieren. Auch ist bis jetzt mit keinem Wort etwas über einen philosophischen Hintergrund gesagt worden.
Wenn Sie alles bisher Gelesene bei Ihren Übungen beachten und insbesondere die angebotenen Bilder in die Bewegungen mit einbeziehen, machen Sie TAI CHI wie viele andere Leute auch, nur Sie haben Ihren Einstieg anders gewählt.
Durch beständiges Üben werden Sie die von Ihnen gelernte Form so vervollkommnen und perfektionieren, ja beherrschen, daß Sie voll und ganz die wohltuenden Seiten von TAI CHI genießen können.
Jetzt halte ich den Zeitpunkt für gekommen, Ihnen zu sagen, welche Stellung TAI CHI in den fernöstlichen Kampfsystemen einnimmt, aus welchem Kulturkreis es kommt und welchen geistigen Hintergrund es hat. Auch wenn Sie mir dabei nicht in allen Punkten folgen wollen, so werden Sie dennoch Ihr Verständnis für TAI CHI vertiefen können.

Die harten Kampfkünste

Der Ursprung der harten oder auch äußeren Kampfkünste entsprang, vereinfacht dargestellt, dem natürlichen Bedürfnis, sich im Kampf gegen einen Widersacher zu behaupten, also einen Gegner zu besiegen. Daß bei diesen Kämpfen in der Regel einer der Beteiligten fast immer den Tod finden mußte, lag in der Natur der Dinge. Der Kampf allein mußte zeigen, wer der Stärkere war, wer seine Techniken am besten gelernt hatte, wer letztlich überleben

durfte. Siegen konnte aber grundsätzlich nur jemand, der stark und gewandt war, der eine Vielzahl von Kampftechniken beherrschte und somit in jeder nur erdenklichen Situation körperlich überlegen war.
Voraussetzung für die Beherrschung von Techniken und damit im Ernstfall für einen Sieg war ein jahrelanges hartes Training, das teilweise bis an die Grenzen der eigenen Leistungsfähigkeit ging. Ganz egal, ob nun mit oder ohne Waffen trainiert wurde, oberstes Ziel war, den Körper abzuhärten, unempfindlich gegen Schmerzen und Verletzungen zu machen und beständig die Kräfte zu steigern. Im Training mit Partnern wurden verschiedene Kampfsituationen angenommen und nachgestellt, Finten geübt und immer wieder neue Abblock- und Schlagtechniken ausprobiert. China wird, was die Neu- und Weiterentwicklung vieler Kampfsysteme anbelangt, eine Schlüsselposition zugesprochen. Man muß davon ausgehen, daß chinesische Kampfkünstler ihr Wissen in andere asiatische Länder exportiert haben, daß Reisende oder Kaufleute, die in China weilten, diese Systeme gelernt und in ihre Heimat mitgenommen haben.
Bemerkenswert ist in diesem Zusammenhang, daß in China für einen langen Zeitraum die Kampfkünste verboten und verpönt waren, sie also praktisch nur im Untergrund, im engsten Familienkreis oder in Geheimbünden existieren konnten.
In Japan hingegen war der Kampfsport, der nur von den Samurai ausgeübt werden durfte, Teil des gesellschaftlichen Lebens. Gerade aber dort erfuhren die Kampfsportarten, unter anderem bedingt durch eine allgemeine technische Weiterentwicklung der Waffen, aber auch unter dem Einfluß des Zen-Buddhismus letztlich die Wende hin zu den Künsten. Oberstes Ziel ist jetzt nicht mehr, einen Gegner im Kampf zu bezwingen, sondern Gegner sind jetzt die eigenen geistigen und körperlichen Schwächen, die es zu überwinden gilt.
Inwieweit die Techniken für einen Kampf tauglich oder in einem Kampf effektiv sein können, tritt immer mehr in den Hintergrund. Ziel ist, die äußere Technik als Hilfsmittel der Meditation im geistigen Kampf gegen sich selbst zu nutzen und nicht mehr, sie als Mordinstrument einzusetzen.

In diesem Zusammenhang kann man sich darüber streiten, ob es heute noch zeitgemäß und sinnvoll ist, wenn ein Karateschüler dadurch lernen soll, seine Angst vor Schmerzen und Verletzungen zu überwinden, indem er mit Armen, Händen und Beinen gegen federnde Holzbretter tritt oder schlägt.
Das zum Teil recht schmerzhafte Gegeneinanderschlagen der Unterarme oder das zu fast jeder öffentlichen Demonstration gehörende Zerschlagen und Zertreten von Holzbrettern oder Ziegelsteinen erscheint ebenfalls auf den ersten Blick recht unverständlich.
Sieht man jedoch in diesen Mutproben tatsächlich eine geistige Übung, die dem Karateka zeigen soll, wo er sich auf seinem Weg zu den Kampfkünsten befindet, erscheinen solche vermeintlichen Kraftakte in einem anderen Licht.
Nicht ausgeschlossen werden kann allerdings im Einzelfall, daß es sich tatsächlich um eine Demonstration äußerer Kraft und Härte handelt.
Selbst so vermeintlich banale Alltäglichkeiten wie die Teezubereitung oder das Blumenstecken wurden in Japan so verfeinert, daß aus ihnen eine geistige Übung wurde. Wenn Sie z. B. an die Töpferkunst, die Malerei oder an die Kalligraphie denken, so finden Sie hier weitere Beispiele dafür, daß letztlich nicht die Handlung an sich, sondern die bewußte und dadurch besondere Art und Weise der Ausführung ein Merkmal ist, ob es sich um Kunst im japanischen Sinne handelt.

Die weichen Kampfkünste

Den weichen oder auch inneren Kampfkünsten möchte ich mich zum Teil etwas ausführlicher widmen, denn zu diesen gehört auch TAI CHI.
Dabei soll die unterschiedliche Darstellung der einzelnen Themen in keinem Fall einer Wertung hinsichtlich ihrer Bedeutung gleichkommen.
Um die weichen Techniken zu charakterisieren, wäre es zu einfach,

jetzt festzustellen, daß genau das Gegenteil von dem, was ich zu den harten Kampfstilen gesagt habe, typisch für die weichen Kampfkünste ist.

Die Wahrheit liegt wie bei vielen Dingen in der Mitte. Eine Trennung läßt sich heute nur noch unter dem Blickwinkel der geschichtlichen Entwicklung durchführen, denn beide Richtungen haben inzwischen sehr viele Gemeinsamkeiten.

Zunächst mußte nach einer Möglichkeit gesucht werden, die ausschließlich auf Muskelkraft beruhenden Techniken in der Form umzugestalten, daß auch ein schwächerer Kämpfer gegenüber einem Stärkeren eine Chance hatte.

Ein erster Schritt zu diesem Ziel war, nicht unbedingt Angriffssysteme zu entwickeln, sondern sich mehr auf die Verteidigung zu konzentrieren.

Hierzu war Voraussetzung, daß bei den Techniken das aggressive und offensive Element in den Hintergrund treten mußte und der defensive Charakter mehr in den Vordergrund rückte. Das Ziel war nicht mehr, unbedingt einem Angriff mit Kraft und Anstrengung zu begegnen, sondern es galt, diesem geschickt auszuweichen und mit einer weniger kraftaufwendigen Technik seinen Gegner zu besiegen, ohne ihn gleich zu töten.

Wie bei der Entwicklung der harten Kampfstile hin zu den Künsten, wurde auch bei den weichen Kampfkünsten mehr Wert auf die geistigen Fähigkeiten des Kämpfers gelegt. Durch seine andere Einstellung zum Kampf versuchte er, dem fast animalischen Aufeinanderprallen der Körper auszuweichen, behielt aber auch bei einem vermeintlich körperlich überlegenen Gegner die Ruhe und konnte auf seine Chance warten.

Der angestrebte geistige Zustand läßt sich etwa so beschreiben, daß versucht wurde, ein anderes Wahrnehmungsbewußtsein zu entwickeln, das sogar in gefährlichen Situationen eine geradezu unverständliche Ruhe und Gleichgültigkeit an den Tag legte. Gefühle wie Angst, Wut oder auch übertriebene instinktive Handlungen wurden nicht zugelassen.

Was nach außen sichtbar wurde, war eine vollkommen unpersönliche Reaktion. Sie geschah einfach wie aus einem Zwang heraus und wurde ohne jede Gefühlsregung vorgetragen. Genauso, wie

Sie einen Lichtschalter anknipsen und es sofort hell wird, so erfolgte auf den Angriff die Verteidigung.
Nun kommt eine solche Entwicklung nicht von heute auf morgen. In China traf eine Reihe von Faktoren zusammen, die die weichen Künste HSING I, PA KUA und TAI CHI CHUAN begünstigten.

HSING I

HSING I scheint die älteste der weichen Kampfkünste zu sein. Wenn man diesen Namen übersetzt, so bedeutet Hsing etwa ‹äußere Form› oder ‹Erscheinung›, und I könnte man etwa mit ‹inneres Wesen›, ‹Geist› oder ‹Absicht› wiedergeben.
Die Grundlagen für die ausgeführten Bewegungen gehen auf die Beobachtungen von Tieren und ihren Kämpfen untereinander zurück. Daraus entstanden zwölf Bewegungsformen, und zwar vom Tiger, Drachen, Pferd, Affen, Wasserläufer, Schwalbe, Kampfhahn, Bär, Leopard, Adler, Auerhahn und Schlange.
In anderen HSING I-Formen tauchen auch andere Tiere wie Huhn, Kranich, Krokodil oder Falke auf, immer jedoch bleibt es bei der Gesamtzahl zwölf.
Was ist nun das Besondere an dieser Kampfform? Wird zum Beispiel beim KUNG FU, wo es teilweise vergleichbare Tierformen gibt, die äußere Bewegung (HSING) eines Tieres imitiert, so kommt es jetzt darauf an, das Wesen (I) einer Bewegung zu erkennen, oder besser gesagt, man versucht herauszufinden, was mit der Bewegung erreicht werden soll. Betrachten wir dazu die nachfolgenden Beispiele:
Das kräftige Packen des Tigers finden wir in der Tigerform, in der die Arme und Hände das Maul dieses Raubtieres und die Finger seine Zähne symbolisieren sollen. Mit dem Öffnen der beiden Hände, wobei die Handflächen nach außen geführt werden, soll das anschließende Zerreißen der Beute zum Ausdruck kommen.

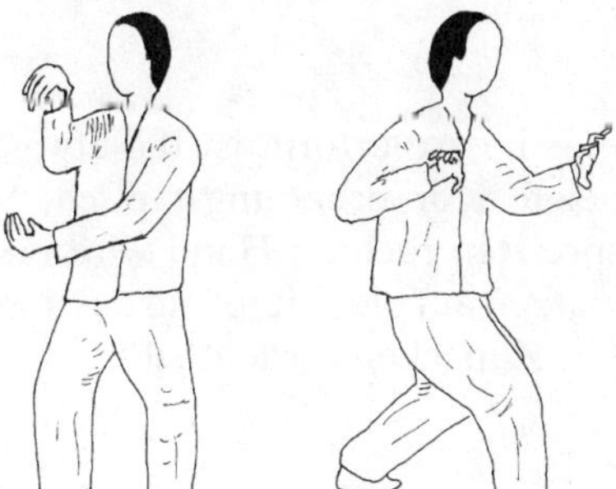

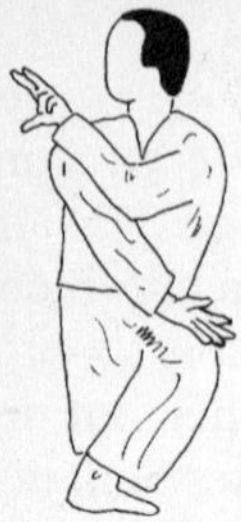

Die Gefährlichkeit einer zum Angriff bereiten Schlangenzunge soll mit den Fingern der linken Hand dargestellt werden.
Aus dieser sehr tiefen Stellung ist man immer zur Verteidigung bereit.

Die Verspieltheit und enorme Beweglichkeit eines Affen wird in der Affenform nachempfunden.

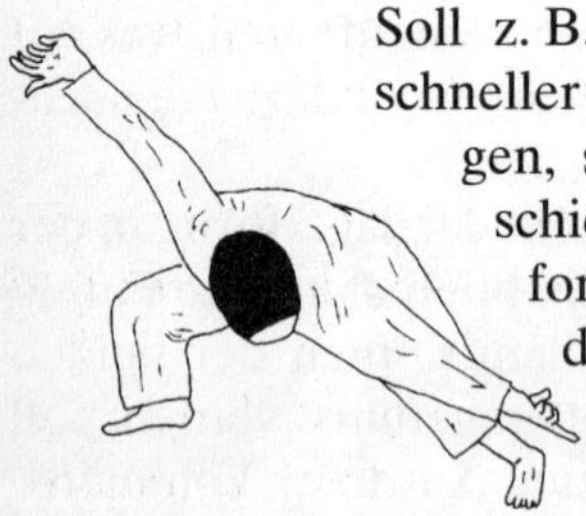

Soll z. B. dem Ausweichen eines Angriffs ein schneller Griff zu den Knöcheln des Gegners folgen, so wird dazu das blitzschnelle Niederschießen und Abtauchen aus der Schwalbenform verwendet. Dabei soll die Armhaltung die geradezu zierliche Flügelhaltung und den perfekten Flug der Schwalbe verdeutlichen.

Für die Adlerform ist die etwas nach vorne geneigte Körperhaltung typisch. Mit der weit gespreizten rechten Hand wird erst das Herunterstürzen auf die Beute und das anschließende kräftige Zupacken verdeutlicht.

Das fast ohne erkennbaren Ansatz ausgeführte Nachvornestechen der Finger und Hände entstammt der Hühnerform, in der das Picken mit dem Schnabel dargestellt wird.

Auf den ersten Blick ist für einen Außenstehenden der Unterschied von HSING I und KUNG FU nur schwer zu erkennen. Hier wie dort handelt es sich um Kampfkünste, bei denen sich die Kämpfer äußerst schnell bewegen, plötzlich abtauchen und dann wieder aufspringen. Durch hartes Abblocken von Schlägen und Tritten verstärkt sich der Eindruck, einer harten Kampfkunst zuzusehen. Das, was KUNG FU und HSING I unterscheidet, ist der geistige Hintergrund für die besondere Art der Ausführung. Wird beim KUNG FU mehr Wert auf das äußere Nachahmen von Tierbewegungen gelegt, so reduziert der HSING I-Kämpfer die Tierbewegung auf den Sinn und damit auf das Wesentliche.
Entscheidend für die Zuordnung zu den weichen und inneren Kampfkünsten ist also der Blick hinter die Fassade.

In einem fortgeschrittenen Stadium werden die Übungen um die Stellungen der fünf Elemente Feuer, Erde, Metall, Wasser und Holz erweitert.
Hierbei handelt es sich, ausgehend von der Grundstellung Erde, um grundsätzliche Arm- und Beinbewegungen, die der Anordnung der Elemente im Kreis entsprechen und nahtlos ineinander übergehen. Damit ist der Bezug zum philosophischen Ursprung wieder hergestellt, und der Kämpfer vollzieht gleichsam die Schöpfungsgeschichte nach, in der er aus einem Element das nächste entstehen läßt. Nachfolgend sind die für die betreffende Stellung typischen Eigenschaften aufgeführt:

In der Feuerstellung soll das Explosive zum Ausdruck kommen. Auf schnelle Angriffe kann mit den Fäusten oder dem vorgestellten Fuß explosionsartig reagiert werden (siehe Abb. S. 198 links oben).

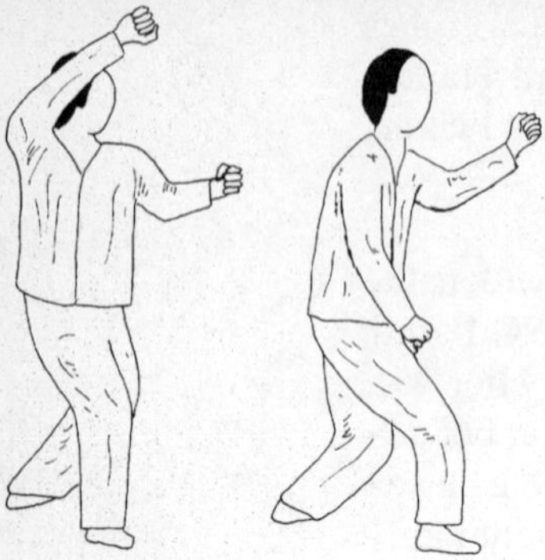

Für die Erdestellung ist das Kreuzen der Arme, die abwechselnd nach vorne gebracht werden, typisch. In dieser Stellung kann man sehr gut mit der einen Faust abwehren und mit der anderen einen eigenen Angriff vortragen.

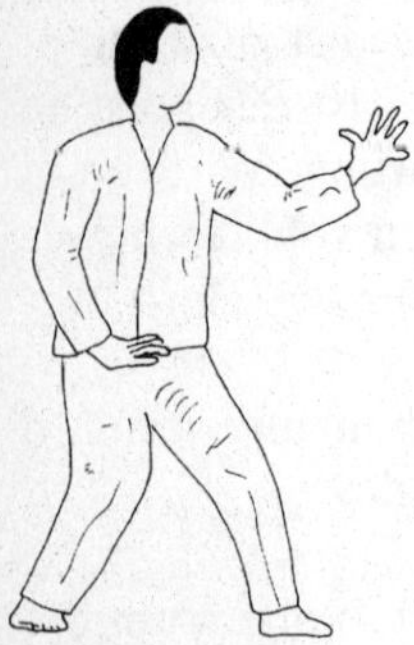

Die Metallstellung wird auch ‹Hackstellung› genannt, weil bei dieser Position das Teilen wie mit einer Axt nachempfunden wird.

Die Wasserstellung gewährleistet einen sehr sicheren und festen Stand. Typisch ist die vordere Faust, die ‹Bohren› oder ‹Umkippen› bedeutet. Aus dieser Position heraus soll man mit einem einzigen Faustschlag einen Gegner wie einen Baum fällen können.

Die Holzstellung steht für das ‹Zermalmen›. So wie sich Holz ausdehnen und wieder zusammenziehen kann, so kann auch eine Hand oder Faust erst hart und sofort wieder weich werden.

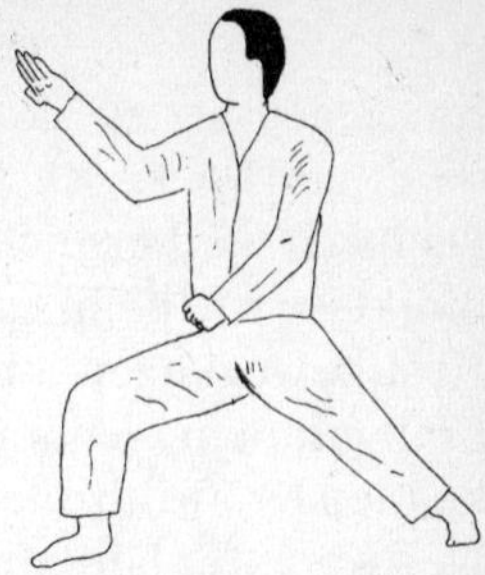

PA KUA

Im Gegensatz zu HSING I, das nur in gerader Linie vorgetragen wird, sind bei PA KUA die Bewegungen kreisförmig.
Dadurch wird erreicht, daß ein Kämpfer niemals seinem Gegner direkt, so wie beim HSING I, gegenübersteht, sondern durch seine Kreisbewegungen immer bemüht ist, einen direkten Zusammenprall mit dem Gegner zu vermeiden und somit die auf ihn einwirkenden Kräfte abzulenken.
Der Kämpfer läuft äußerst schnell auf einer gedachten Kreislinie und vollzieht ständig unerwartete Richtungsänderungen. Er taucht plötzlich ab, springt unerwartet wieder auf, durchläuft den Kreis, um auf der anderen Seite in der Gegenrichtung weiterzurennen. Schnelle Körperdrehungen, schnelle Arm- und Beinbewegungen und immer wieder das schnelle Laufen bestimmen den Gesamteindruck.
Dabei sind die Stellen, an denen die einzelnen Manöver ausgeführt werden müssen, genau festgelegt und nicht dem Gutdünken des Einzelnen überlassen. Tricks, Ablenkungsmanöver und Finten sind vielleicht noch erkennbar, und doch muß sich ein Betrachter fragen, ob es sich überhaupt um eine Kampfkunst handelt.
Ebenso täuschen die sehr harmlosen Namen der einzelnen Techniken darüber hinweg, daß sie, wenn sie von einem Experten ausgeführt werden, äußerst gefährlich sein können.
Sinn und Zweck dieser vollkommen neuen und deshalb ungewohnten Kampfform war tatsächlich, einen Gegner zu verwirren und mit den ausgeführten Bewegungen zu täuschen. Dadurch, daß der Angreifer kein System erkennen konnte, daß sein Gegenüber vor ihm zurückzuweichen schien, befand er sich immer im Nachteil und konnte so schneller besiegt werden.
Wie bei allen weichen und inneren Kampfkünsten steht auch bei PA KUA der Verteidigungscharakter im Vordergrund, und es kann niemals einem Angriff dienen.
Der geistige Hintergrund für diese Kampfform entstammt dem I GING. Gemäß den acht Trigrammen gibt es acht Grundtechniken, die den Trigrammen Himmel, Erde, Donner, Wind, Wasser, Feuer, Berg und See entsprechen.

Diese werden in acht verschiedenen Formen immer wieder geändert, so daß sich wie beim I GING 64 Möglichkeiten ergeben. Mit den acht Trigrammen sollen die ständigen Wandlungen in der Natur symbolisiert werden, und der PA KUA-Kämpfer versucht, mit seinen Schrittfolgen und seinen Richtungsänderungen diese sich ständig ändernden Erscheinungsformen nachzuvollziehen. Er will den Prozeß der Veränderung neu entstehen lassen, um mit der Natur im Einklang zu sein.

Wie bei allen Kampfkünsten ist aber das oberste Ziel nicht, zu sehr an der Form zu kleben, sondern diese, wenn man die höchste Meisterschaft erreicht hat, zu überwinden, um letztlich zu einem der Natur gemäßen Handeln zu gelangen. Einem Anfänger muß PA KUA vollkommen unverständlich vorkommen, und er kann vielleicht die Verwirrung eines Gegners verstehen und nachempfinden, wenn dieser von einem PA KUA-Kämpfer umkreist wird.

Die Techniken werden anfangs als hart, ja ausgesprochen spröde empfunden, und es dauert sehr lange, bis überhaupt die Bereitschaft zum Üben vorhanden ist. Von einer weichen Kampfform ist auch deshalb zunächst nichts zu spüren, weil alle Techniken äußerst schnell vorgetragen werden müssen.

Geradezu als unangenehm wird anfänglich das Gehen empfunden. Dabei fallen sofort zwei Besonderheiten auf. Das Setzen der Füße, so wird von einigen Schulen gefordert, hat in der Form zu geschehen, daß die Füße parallel zum Boden anzuheben, nach vorne zu führen und dann erst abzusetzen sind. Andere Schulen legen darauf nicht so großen Wert und erlauben die weniger anstrengende Variante, also den Fuß über die Ferse abzurollen. Das andere typische Merkmal ist die geradezu starre Haltung des Körpers ab der Hüfte aufwärts. Rücken, Schultern, Arme, Hände und Kopf sind der Mitte des Kreises zugewandt, und ihre Position darf während des Gehens nicht geändert werden.

In dieser ungewöhnlichen Haltung wird der Gegner umkreist, etwa so, als wenn er hypnotisiert und eingelullt werden soll. Die Drehungen unterbrechen das fast monotone Schreiten nur für kurze Augenblicke. Überhaupt nimmt das PA KUA-Gehen den zeitmäßig größten Raum ein, und es macht deshalb schon einen Sinn, dies sehr ausgiebig zu üben.

Ein Durchgang, bei dem acht Techniken erst links und anschließend rechts vorgetragen werden, dauert insgesamt ca. 15 bis 20 Minuten. Erstaunlich ist, daß die eigentlichen Techniken noch nicht einmal 5 Minuten dabei ausmachen.
Auch die Handhaltung kann beim Gehen unterschiedlich sein. Die eine Möglichkeit ist, daß die Finger geschlossen sind. Die andere Möglichkeit sieht vor, daß die Finger vom Handteller aus kraftvoll sternförmig gespreizt werden. Dabei müssen auch die Fingergelenke durchgedrückt werden. Diese besondere Haltung der Finger kann gerade in den ersten Stunden sehr anstrengend und schmerzhaft sein.
Die symbolisch auf der gedachten Kreisbahn abgebildeten Trigramme markieren die genaue Stelle für eine Technik und scheinen die Bewegung zusätzlich zu erschweren und einzuengen. Erst die Verbindung zum I GING läßt hier einen Sinn vermuten, der trotzdem in der Praxis schwer nachzuvollziehen ist.

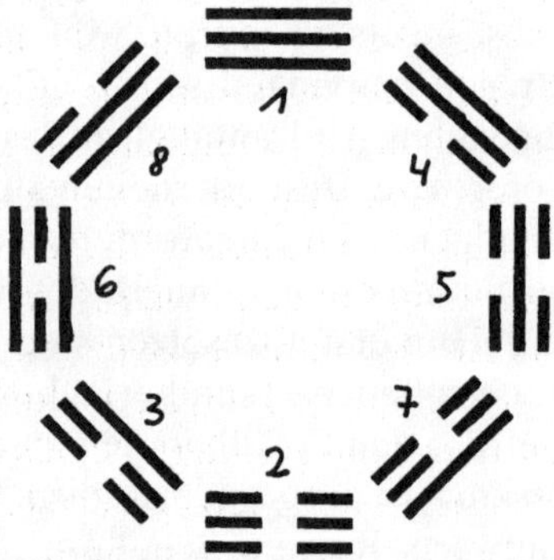

Nachdem das Gehen über lange Zeit geübt worden ist, lernt man die einzelnen Techniken am besten sehr langsam und versucht, erst im Laufe der Zeit das Tempo allmählich zu steigern.
Man sagt, daß die alten Chinesen so schnell im Kreis gelaufen sein sollen, daß ihre Zöpfe, bedingt durch die enorme Fliehkraft, waagerecht nach außen gestanden haben sollen.

Lassen Sie mich nur die erste Technik der mir bekannten PA KUA-Form etwas genauer beschreiben, damit Sie sich einen kleinen Eindruck verschaffen können. Sie heißt: *Eine Handfläche wechseln.*

Zu Beginn der Form stehen Sie auf der gedachten Kreislinie mit Blickrichtung entgegen dem Uhrzeigersinn. Nach einer kleinen Verbeugung gehen Sie langsam ins Knie und heben ebenfalls langsam, die Handflächen zeigen nach oben, die Arme bis etwa in Schulterhöhe an. Setzen Sie den linken Fuß nach vorne, und beginnen Sie, die Arme bleiben unverändert in ihrer bisherigen Position, auf der gedachten Kreislinie erst langsam, dann immer schneller werdend zu laufen.
Nach ca. zwei bis drei Runden führen Sie die linke Hand unter den rechten Ellbogen und drehen dann ab der Hüfte aufwärts den Oberkörper, die Schultern, die Arme und den Kopf zur Mitte des Kreises. Danach wird die rechte Hand, mit der Handfläche nach unten, etwa in Bauchhöhe gehalten, der linke Arm deutet auf den Kreismittelpunkt, wobei die Handfläche in Laufrichtung zeigt. Die Finger beider Hände sind sternförmig gespreizt.
Dies ist, wenn Sie so wollen, die Grundhaltung, in der Sie sich die meiste Zeit bewegen müssen. Aus dieser Stellung heraus werden auch bis auf zwei Ausnahmen alle neuen Techniken eingeleitet.
Laufen Sie ca. vier bis fünf Runden, und setzen Sie an der Stelle des Kreises, die das erste Trigramm bezeichnet, den rechten Fuß im rechten Winkel vor den linken Fuß, die Haltung der Arme und Hände bleibt zunächst noch unverändert. Heben Sie die linke Ferse kurz an, drehen Sie sich um die jetzt belastete rechte Achse so weit, bis Sie in die Ihrer bisherigen Laufrichtung entgegengesetzte Richtung blicken können, und machen Sie einen energischen Schritt links nach vorne. Dabei ziehen Sie den rechten hinteren Fuß etwas nach, und bringen Sie die rechte Hand mit der Handfläche nach oben an die rechte Hüfte. Der linke Arm wird etwa in Schulterhöhe kräftig nach vorne geschlagen, die Handkante wird dabei in die Schlagrichtung gedreht.
Machen Sie erneut mit links einen energischen Schritt nach vorne, und übernehmen Sie sofort das gesamte Gewicht auf das linke

Bein. Heben Sie das rechte Bein, und drehen Sie sich, indem Sie allmählich das Tempo verlangsamen, zur Kreismitte. Die linke Hand lassen Sie zunächst in den rechten Ellbogen gleiten, und erst wenn Sie sich weit genug gedreht haben, rutscht die linke Hand unter den rechten Ellbogen. Das rechte Bein bleibt weiterhin angehoben und zeigt, wenn Sie so wollen, in die neue Laufrichtung. Verharren Sie für kurze Zeit in dieser Position, und setzen Sie geradezu sanft den rechten Fuß auf den Boden ab, indem Sie noch mehr das linke Knie beugen, und laufen Sie jetzt im Uhrzeigersinn auf der gedachten Kreislinie, indem Sie allmählich wieder das Tempo steigern. Drehen Sie beim Laufen die Hände wieder in ihre Ausgangsposition zurück, jetzt die linke Hand etwa in Bauchhöhe mit der Handfläche nach unten, der rechte Arm deutet auf die Kreismitte, wobei die Handfläche in Laufrichtung zeigt. Die Finger sind wieder gespreizt.

Jetzt würde nach ca. vier bis fünf Runden und an derselben Stelle des Kreises die gleiche Technik, nur andersherum, als gerade beschrieben, ausgeführt werden müssen.
Wenn die restlichen sieben Techniken, und zwar:

2: gegenseitig wechselnde Handflächen
3: die Handfläche von oben nach unten wechseln
4: der gelbe Drachen dreht die Handfläche um
5: die weiße Schlange offenbart ihre Botschaft
6: der große Vogel ‹Rock› öffnet seine Flügel
7: die weißen Affen präsentieren die Frucht
8: die acht Unsterblichen überqueren das Meer

an der für sie vorgesehenen Stelle auf dem Kreis ausgeführt worden sind, müssen Sie an dem gleichen Punkt, an dem Sie begonnen haben, die Form wieder beenden. Sie stehen jetzt allerdings mit Blick im Uhrzeigersinn.

TAI CHI läßt schon allein wegen seines äußeren Erscheinungsbildes viel eher die Vermutung aufkommen, daß es sich hierbei tatsächlich um eine weiche Kampfkunst handeln könnte. Werden beim HSING I und PA KUA die Bewegungen sehr schnell und kraftvoll ausgeführt, so macht TAI CHI schon mehr den Eindruck eines beschaulichen Bewegungssystems.
Hinweise darauf, daß es sich auch hierbei um Kampftechniken handelt, sind auf den ersten Blick allerdings kaum zu erkennen.
TAI CHI bedeutet ‹das höchste Letzte›. In der Tat bezieht sich TAI CHI auf den gleichen geistigen Hintergrund wie die beiden vorher aufgeführten weichen Kampfkünste HSING I und PA KUA. Auch hier wird dadurch deutlich auf das Ziel verwiesen, durch die sanften Bewegungen, durch das beständige Wechselspiel von Yin und Yang, Harmonie sowohl in körperlicher als auch in geistiger Hinsicht anzustreben.
Das Ihnen vielleicht bekannte TAI CHI-Symbol soll diesen Anspruch verdeutlichen. Aus dem TAO (Kreis) entstehen YIN (schwarz) und YANG (weiß). Wenn beide Elemente starr wären, wäre die Trennung des Kreises recht einfach, man bräuchte diesen lediglich zu halbieren. Die Dynamik der Elemente wird aber durch die s-förmige Aufteilung des Kreises besonders betont, da-

durch wirken beide Teile miteinander verschlungen und sind nicht so leicht abgrenzbar. Selbst dort, wo Yin vorzuherrschen scheint, befindet sich ein kleiner weißer Kreis Yang, und an der Stelle, wo Yang dominant auftritt, finden Sie einen kleinen schwarzen Kreis Yin. Dieses Symbol dokumentiert auf anschauliche Weise den Wechsel aller Dinge, und das ist nach dem TAO das einzig Beständige.

Erst die Übersetzung des zweiten Wortes stellt die Verbindung zum Kampfsport her, denn CHUAN bedeutet so viel wie ‹Hand› oder ‹Faust›.

Wenn heute TAI CHI gemacht wird, so denkt kaum jemand dabei an Selbstverteidigung, obwohl TAI CHI anfänglich tatsächlich nichts anderes als eben Selbstverteidigung war. Geübt wurde in der Regel langsam, denn man wollte den optimalen, den effektivsten und für den Kämpfer wirtschaftlichsten Bewegungsablauf herausfinden.

In einem Kampf konnte ein TAI CHI-Meister so sanft und weich wie eine Daunenfeder sein, aber bei einem Schlag oder Tritt explosionsartig agieren und so hart wie Stahl werden. Dann wieder konnte er ruhig wie ein Berg sein, konnte aber dann wieder blitzschnell auf Angriffe seines Gegners reagieren. In diesem auch im Kampf erkennbaren Wechsel von Ruhe und Schnelligkeit, von Weichheit und Härte sollte der ständige Wechsel von Yin und Yang zum Ausdruck gebracht werden.

Indem man beim Üben noch bewußter darauf achtete und versuchte, die vermeintlichen Gegensätze miteinander in Harmonie zu bringen, trat immer mehr auch der gesundheitliche Aspekt in den Vordergrund. Dadurch entwickelten sich in vielen Familien und Schulen Formen mit unterschiedlichen Ansprüchen. So gab es Formen, die ausschließlich für den Kampf gedacht waren, und eine oder mehrere andere, die mehr den gesundheitlichen Charakter betonten. Dabei blieb es nicht aus, daß dabei die Bewegungssequenzen immer weicher wurden und die eigentliche Technik nur noch schwer ausgemacht werden konnte.

Man kann diesen Übergang von der Kampfform zur mehr gesundheitlichen Übung noch sehr gut am Chen-Stil erkennen, der als der älteste der verschiedenen Stilrichtungen gilt. Typisch für ihn sind

die teilweise sehr schnellen Sequenzen, die sich immer wieder mit sehr langsamen Bewegungsfolgen abwechseln. Bei sehr schnellen Drehungen und hohen Sprüngen aus tiefen Stellungen heraus spürt der Betrachter eine ganz andere Art von Dynamik und Spannung als in der Form einer jüngeren Stilrichtung.
Aus dem Chen-Stil entwickelten sich der Yang-Stil und der Wu-Stil, die sich beide nach außen hin schon sehr gemäßigt geben und verinnerlicht aussehen.
Beide Richtungen verzichten deutlich auf die nach außen hin sichtbare Dynamik, sondern zeichnen sich durch ein gleichmäßig ruhig dahinfließendes Tempo aus und lassen dadurch immer mehr den Kampfaspekt vergessen.
Allerdings gibt es auch bei diesen beiden, wie auch beim Chen-Stil, eine Vielzahl anderer Formen. Das kann eine Form mit Schwert und Säbel sein, mit Lanze, Speer oder Fächer, oder sogar eine Form mit Lanze und Reiter zu Pferd. Aus dem Wu-Stil haben sich noch der Li-Stil und der Sun-Stil entwickelt, damit möchte ich es aber auch schon, was die Entstehung der verschiedenen Stilrichtungen anbelangt, bewenden lassen.
Nur folgendes dürfte vielleicht interessant sein: alles, was über die Entwicklung unterschiedlicher Formen und Stilrichtungen bekannt ist, läßt sich gerade einmal 300 Jahre zurückverfolgen, und der im westlichen Ausland am weitesten verbreitete Stil, der Yang-Stil, ist in der heute praktizierten Form nicht älter als ca. 60 Jahre.
Obwohl alle Stilrichtungen ihre spezifischen Eigenarten und besonderen Ausführungsmerkmale besitzen, tauchen doch immer wieder gleiche oder zumindest ähnliche Namen für die einzelnen Bewegungsbilder auf. Dadurch sind Namen entstanden, die eher einen bestimmten Berufszweig oder ein besonderes Vorkommnis aus der Natur zu beschreiben scheinen. Nur selten wird eine Technik direkt bei ihrem Namen genannt.
Trotz des nahezu einheitlichen Grundaufbaues ist die Anzahl aller in einer Form auftretenden ‹Stellungen› sehr unterschiedlich.
Die ‹dreizehn Bewegungsformen›, die den fünf Elementen und den acht Trigrammen nachempfunden sind, stellen praktisch die Grundlage für alle TAI CHI-Formen dar. Kurzformen mit 24 oder

37 Bildern bieten den Vorteil, und das ist im Grunde genommen auch ihr Anspruch, daß sie für einen Ungeübten weniger anstrengend sind und auch schneller erlernt werden können.
Die langen Formen mit 80, 106, 108 oder 128 ‹Positionen› hingegen sollen das gesamte Leistungsspektrum einer Stilrichtung zeigen.
Aus einer Form mit einer hohen Anzahl von ‹Positionen› kann man nun aber nicht gleich schließen, daß sie etwa abwechslungsreicher oder gar ‹wertvoller› sein müßte als eine Form mit einer kleineren Anzahl von ‹Positionen›.
Der zum Teil recht große Zahlenunterschied würde bedeutend kleiner ausfallen, wenn man Wiederholungen z. B. einheitlich mitzählen würde.
Man wird die Grundprinzipien von TAI CHI, also den beständigen Wechsel von Yin und Yang und die sich daraus entwickelnde Harmonie, bedeutend besser verstehen und nachempfinden können, wenn man schon über einen längeren Zeitraum hinweg Erfahrungen mit TAI CHI gesammelt hat.
Während der gesamten Form sind Sie gehalten, das Yin-Yang-Prinzip mehr oder weniger unbewußt zu beachten und anzuwenden. Ist z. B. ein Bein belastet, so entspricht das Yang, ist es unbelastet, so entspricht das Yin, gehen Sie nach vorne, so ist das wieder Yang, weichen Sie zurück, so ist das Yin, bereiten Sie eine Technik durch das Ausbreiten der Arme vor, so ist das Yang, atmen Sie dabei ein, so ist das Yang, führen Sie anschließend die Technik aus, so ist das Yin, und atmen Sie dabei aus, so ist das Yin.
Diese Beispiele lassen sich beliebig fortsetzen.
Auch der Körper ist als Ganzes in den einzelnen ‹Stellungen› oder ‹Positionen› entweder Yin oder Yang.

Nehmen wir als Beispiel einmal die Sequenz ‹Schritt nach vorne und rechtes Bein streifen›. Diese ‹Position› ist als Ganzes gesehen Yang, läßt sich aber bis in die einzelnen Körperteile weiter differenzieren. Der Schritt rechts mit der nachfolgenden Gewichtsverlagerung auf rechts entspricht Yang, das linke hintere Bein ist unbelastet und entspricht Yin; der rechte Arm und die rechte Hand mit der Handfläche zum Boden ist wieder Yin, der linke Arm und

die linke Hand mit der Handfläche nach vorne ist wieder Yang; wenn Sie bei diesem Schritt ausatmen, ist das Yin.
Sofort löst sich aber das gesamte Bild wieder auf, die nächste ‹Position› wird wieder Yin, wenn Sie dabei einatmen, ist das Yang usw. Dadurch, daß sich an allen Stellen des Körpers und in allen seinen Bewegungen dieser Wechsel beständig vollzieht und auch wahrgenommen wird, erreichen Sie den sanften Fluß der Bewegung und vollziehen damit auch den in der Natur manifestierten ständigen Wandel aller Dinge nach.
Auch wenn Sie als Einsteiger die richtigen Begriffe und was sich dahinter verbirgt genau kennen sollten, so werden Ihre Bewegungen trotzdem nicht besser.
Ich denke, daß das Verständnis für und das Bemühen um den Hintergrund sich erst im Laufe der Zeit entwickeln kann und in vielen Fällen auch wird. Deshalb wird ein übertriebenes theoretisches Wissen vor dem Erlernen einer TAI CHI-Form eher belasten als anspornen, weil der Kopf mit Begriffen vollgepackt ist und deshalb kaum Platz für die eigene Erfahrung bleibt.

CHI

Chi bedeutet frei übersetzt soviel wie Energie oder Kraft. Nach chinesischer Auffassung handelt es sich dabei um die grundlegende Energie des gesamten Universums sowohl im Mikrokosmos als auch im Makrokosmos. Diese Kraft ist in allen Lebewesen und in allen Dingen zu finden. Beim Menschen kreist diese Energie in den Meridianen, die ebenso wie die Blutbahnen im Körper verlaufen.
Schon früh hat die chinesische Medizin herausgefunden, daß in dem Augenblick, in dem die Energie ungestört und frei im Körper zirkulieren kann, der Mensch gesund ist. Wird der Energiefluß gestört, wird der Körper krank. Deshalb sollen Behandlungsmethoden wie die Akkupunktur oder Akkupressur dafür sorgen, einen eventuell gestauten Energiefluß abzubauen, um dadurch die Wiederherstellung der Gesundheit zu erlangen.
Durch TAI CHI soll prophylaktisch erreicht werden, erst gar keine Energiestaus entstehen zu lassen. Dadurch, daß versucht wird, die Kräfte des Kosmos auf sich und in sich, durch das Nachvollziehen von Yin und Yang, zu konzentrieren, entsteht im Laufe der Zeit ein Überfluß an CHI, der im Körper gespeichert werden kann.
Ein TAI CHI-Kämpfer hat so viel CHI gespeichert, daß er nach Bedarf gezielt CHI abgeben kann, um dadurch einen Gegner zu bezwingen.
Ihnen sind vielleicht aus anderen Büchern oder auch von Demonstrationen die dort vorgeführten Beispiele in Erinnerung, wo ein TAI CHI-Meister einen oder sogar mehrere Gegner meterweit von sich stößt, wobei er so gut wie keine sichtbare Kraft einsetzt. Jeder fragt sich natürlich, habe ich auch soviel CHI und wie erkenne ich diese geheimnisvolle Kraft, und das Wichtigste, wie kann ich es demonstrieren?
Auch mich haben anfangs diese Fragen immer wieder beschäftigt. Heute sehe ich die CHI-Kraft und alles, was damit zusammenhängt, etwa so wie William Chen. Sein Unterricht hebt sich wohltuend und erfrischend von dem ab, was üblicherweise von anderen Meistern in Seminaren und Veranstaltungen geboten wird. Er erklärt CHI mit dem optimalen Ausnutzen der in jedem Menschen

vorhandenen physikalischen Grundsätze. Gemeint sind damit die Hebelgesetze, und nach seiner Meinung ist bei einem TAI CHI-Kämpfer das Wissen um diese Gesetze so ausgeprägt, daß er zu äußerster Geschwindigkeit und damit zur optimalen Entfaltung der in seinem Körper vorhandenen Kräfte in der Lage ist.
Überzeugend legt er immer wieder dar, daß seine Erkenntnisse das Ergebnis seines ständigen Bemühens um die Bewegungskunst TAI CHI sind. Das Erstaunliche daran ist, daß er entgegen aller Auffassung damit versucht, TAI CHI seiner Mystik zu berauben, die, wie ich ganz am Anfang dargelegt habe, auch nur ‹westlichen› Köpfen entsprungen sein kann.
Diese für viele vielleicht zu nüchterne Betrachtungsweise läßt aber jedem TAI CHI-Anhänger genügend Spielraum, auf dem Gebiet des CHI und allem, was damit zusammenhängt, eigene Erfahrungen zu machen.

Schlußwort

Wenn Sie nach der Lektüre dieses Buches neugierig geworden sein sollten, beherzigen Sie immer folgende Punkte:

- Lassen Sie sich nicht von mystischen Erklärungen abschrecken.
- Der Übungsraum ist kein Tempel, den man andächtig und mit Ehrfurcht betritt. TAI CHI ist ein ruhiger Sport ohne Kampfgeschrei und verlangt sehr viel Konzentration. Wenn Sie also einen Übungsraum betreten, sollten Sie sich nur deshalb ruhig verhalten, und nicht, weil Sie etwa eine Andacht stören könnten.
- Ihr Lehrer ist nicht allwissend und schon gar nicht ein Heiliger. Sie können sicher sein, daß er von Ihnen ebensoviel lernt wie Sie von ihm.
- Akzeptieren Sie Anfangsschwierigkeiten. Nach den ersten Stunden sind ein leichter Muskelkater in den Beinen und der Frust über das eigene Unvermögen normal.
- Lassen Sie sich und TAI CHI Zeit, einander kennenzulernen. Lehnen Sie Streß ab.
- Üben Sie täglich die Bewegungsabläufe, um sich mit der für Sie neuen Art der Bewegung vertraut zu machen. Lassen Sie sich auch nicht dadurch abschrecken, wenn Ihnen der genaue Ablauf entfallen sein sollte. Wichtig ist, daß Sie ein Gespür für die Bewegung bekommen, die Technik selbst läßt sich immer noch verbessern.
- Üben Sie auch, inwieweit Sie TAI CHI nur ‹in Gedanken› machen können.
- Versuchen Sie, TAI CHI wie jeden anderen Sport zu verstehen und zu lernen.

Bibliographie

Anders, Frieder, Tai Chi Chuan, Düsseldorf 1988
Anders, Frieder (Hg.), TAI CHI – Chinas lebendige Weisheit, Köln 1985
Chang, Edward G. (Hg.),Gesundheit und Fitneß aus dem Reich der Mitte, Bern/München/Wien 1989
Charles, Georges, HSING I CHUAN, Boulogne/Billancourt 1986
Chen, William C. C. (Hg.), Körpermechanik des Tai Chi Chuan, New York 1990
Deshimaru-Roshi, Taisen, Zen in den Kampfkünsten Japans, München 1977
Herrigel, Eugen, Zen in der Kunst des Bogenschießens, Bern/München/Wien 1984
Herrigel, Eugen, Der Zen-Weg, Bern/München/Wien 1984
Huang, Al, Lebensschwung durch T'ai chi, Bern/München 1983
Kobayashi, Petra, Der Weg des T'AI CHI C'HUAN, München 1984
Kobayashi, Toyo u. Petra, T'AI CHI C'HUAN, München 1984
Luby, Sue, Hatha Yoga, Reinbek bei Hamburg 1990
Lao Tse, TAO TE KING, Zürich 1985
Man-ching, Chen, Dreizehn Kapitel zu T'ai Chi Ch'uan, Basel 1986
Markert, Christopher, I GING – Das Buch der Wandlungen, München 1985
Meiji, Yo, Tai Ji Quan, Tokio 1982
Minick, Michael, Kung Fu, Bern/München/Wien 1977
Moegling, Klaus, Die chinesische Bewegungsmeditation TAI CHI CHUAN, München 1988
Moegling, Klaus u. Barbara, TAI CHI als sanfte Körpererfahrung, Niedernhausen/Ts. 1987
Peisheng, Wang/Weiqi, Zeng, WU Style TAIJIQUAN, Hongkong/Peking 1983
Reid, Howard/Croucher, Der Weg des Kriegers, München 1986
Reid, Howard, Wege zur Harmonie, München 1989
Smith, Robert W., PA KUA Chinese Boxing for Fitness and Self-defense, Tokio/New York/San Francisco 1974

Stein, Hans Joachim, Die Kunst des Bogenschießens: Kyudo, Reinbek bei Hamburg 1990
Tohei, Koichi, Das Ki-Buch, Weidenthal/Pf. 1985
Tung, Wushu – Das chinesische Ganzheitsprogramm, München 1987
Vu Chi, Tran, WA DO – Wohlbefinden durch Bewegungsübungen, Reinbek bei Hamburg 1989
Williams, Bryan (Hg.), Die Kunst der Selbstverteidigung, Zillikon 1976
Xue, H. F., Pa Tuan Chin, Chinese Health-giving Exercise, Hongkong 1985
Zi, Nancy, Die Kunst richtig zu atmen, München 1988

Der Autor

Ingo Jarosch lernte die Kampfkünste ziemlich spät kennen, denn erst mit 33 Jahren begann er, Judo zu lernen. In dieser klassischen Kampfkunst erreichte er den zweiten Meistergürtel. Eigentlich mehr zufällig hörte er von TAI CHI. Diese Bewegungskunst faszinierte ihn so sehr, daß er seine Aktivitäten im Bereich Judo nach und nach aufgab und sich heute nur noch den weichen Kampfkünsten TAI CHI und PA KUA widmet.

Bewegung und Entspannung aus dem Reich der Mitte

Bruce Kumar Frantzis
Qi- Gong *Wege zu den Energiequellen des Körpers*
(rororo sport 9442)
Seit über 3000 Jahren nutzen die Chinesen diese sanften und genußvollen Qi- Gong-Übungen, um Krankheiten vorzubeugen und sie zu heilen, tiefe Entspannung zu spüren, Begleiterscheinungen des Alters zu mindern, die Sexualität zu intensivieren und die körperliche und geistige Leistungsfähigkeit zu aktivieren. Lernen Sie, in Ihren Körper hineinzufühlen, spüren und entdecken Sie die Energie, die durch Ihren Körper fließt und Ihnen Kraft und Vitalität gibt. Bruce Kumar Frantzis hatte das seltene Glück, von unterschiedlichen Großmeistern in die tiefsten Geheimnisse der inneren Kraft eingeweiht zu werden, die er in diesem Buch an uns weitergibt.

Ingo Jarosch
Die acht Brokate *Kraft und Entspannung aus dem Reich der Mitte*
(rororo sachbuch 9648)
Finden Sie Entspannung, tanken Sie Kraft und innere Ruhe: Die acht Brokate sind ein Gesundheitszyklus aus dem Tai Chi und beruhen auf der fernöstlichen ganzheitlichen Betrachtungsweise des Menschen. Diese eleganten Übungen sind schnell und leicht zu erlernen, und wenn Sie sich jeden Tag nur 10 Minuten Zeit nehmen, werden Sie Ihre innersten Energien wecken, und ein positives Lebensgefühl wird sich in kurzer Zeit einstellen.

rororo sachbuch

Yogi Deenbandhu (Detlef Uhle)
Yoga für alle *Übungen für jeden Tag*
(rororo sachbuch 9386)

Sue Luby
Hatha Yoga *Entspannen, auftanken, sich wohl fühlen*
(rororo sachbuch 8592)

Ingo Jarosch
Tai Chi *Neue Körpererfahrung und Entspannung*
(rororo sachbuch 8803)
Der Autor zeigt, wie man mit Tai Chi die Rückbesinnung auf sich selbst und die dabei erfahrene körperliche und geistige Entspannung mit seiner Methode rasch erlernen kann.

Tran Vu Chi
Heilen durch Bewegung *Schnelle Selbsthilfe durch WA DO bei Krankheiten und Beschwerden*
(rororo sachbuch 9615)
500 Bewegungen, die innerhalb kürzester Zeit Wohlbefinden hervorrufen und gezielt bei allen körperlichen und nervösen Beschwerden eingesetzt werden können – das ist WA DO.

3531/1

Wege zur Ruhe

Ingo Jarosch
Die acht Brokate *Kraft und Entspannung aus dem Reich der Mitte*
(rororo sachbuch 9648)
Finden Sie Entspannung, tanken Sie Kraft und innere Ruhe: Die acht Brokate sind ein Gesundheitszyklus aus dem Tai Chi und beruhen auf der fernöstlichen ganzheitlichen Betrachtungsweise des Menschen. Diese eleganten Übungen sind schnell und leicht zu erlernen. Und wenn Sie sich jeden Tag nur zehn Minuten Zeit nehmen, werden Sie Ihre innersten Energien wecken und in kurzer Zeit ein positives Lebensgefühl erfahren.

Ingo Jarosch
Tai Chi *Neue Körpererfahrung und Entspannung*
(rororo sachbuch 8803)

Sue Luby
Hatha Yoga *Entspannen, auftanken, sich wohl fühlen*
(rororo sachbuch 8592)
«Das Buch wendet sich an Anfänger und Fortgeschrittene verschiedenen Grades. Es möchte dem Leser helfen, Geist und Körper auf intelligente Weise beherrschen zu lernen, um dadurch Gesundheit und Spannkraft des Körpers zu erhöhen. Diese Absicht des Buches kann der Leser gewiß mit Erfolg erreichen, wenn er nach den Anleitungen des Buches übt. Es ist ‹ein intelligentes Buch›.»
BDY-Information (Berufsverband der deutschen Yogalehrer)

rororo gesundes leben

Paul Wilson
Wege zur Ruhe *100 Tricks und Techniken zur schnellen Entspannung*
(rororo sachbuch 60119)
Ein kurzweiliger Reader für hektische Zeiten: Neben Klassikern wie Atemtechnik, Stretching, Autosuggestion und Massagen stellt der Autor auch viele überraschende Wege zur Ruhe vor, etwa: die Katze streicheln, helle, lockere Kleidung anziehen oder viel klares Wasser trinken und für besonders Ungeduldige und Gestreßte gibt es effektive Hilfe für den «Notfall». Eine originelle, amüsante und informative Zusammenstellung von hundert Wegen zu schneller Ruhe und Entspannung.

Ein Gesamtverzeichnis aller lieferbaren Titel der Reihe *rororo gesundes leben* finden Sie in der *Rowohlt Revue*. Jedes Vierteljahr neu. Kostenlos in Ihrer Buchhandlung.

Wege zum Wunschgewicht

Carine Buhmann
Beiß nicht gleich in jeden Apfel
700 Tips zur gesunden Ernährung
(rororo sachbuch 9781)
Ein umfassender Ernährungsratgeber aus der Praxis für die Praxis mit zahlreichen Tips und Empfehlungen. Über 700 Fragen aus verschiedenen Bereichen der gesunden Ernährung werden auf kompetente, leichtverständliche Weise beantwortet: von anthroposophischer Ernährung und Makrobiotik über Trennkost bis zur Sonnenkost sowie viel Interessantes zu Diäten und Abmagerungskuren. Übersichtliche Tabellen und Grafiken sowie ein ausführliches Such- und Sachregister machen das Buch zum wertvollen Nachschlagewerk für Laien und Fachleute.

Helmut F. Kaplan (Hg.)
Warum ich Vegetarier bin
Prominente erzählen
(rororo sachbuch 9675)
«Wahre menschliche Kultur gibt es erst, wenn nicht nur die Menschenfresserei, sondern jeder Fleischgenuß als Kannibalismus gilt.»
(Wilhelm Busch)
«Nichts wird ... die Chancen für ein Überleben auf der Erde so steigern wie der Schritt zu einer vegetarischen Ernährung.»
(Albert Einstein)
«Man darf nicht essen, was ein Gesicht hat.»
(Paul McCartney)

rororo gesundes leben

Herbert Jost
Wege zum Wunschgewicht
Schlank und gesund mit dem Kombi-Programm
(rororo sachbuch 9792)
Gehören Sie auch zu denjenigen, die schon viele «Erfolgsdiäten» ausprobiert haben und feststellen mußten, daß sie sehr schnell ihr altes Gewicht wieder erreicht hatten oder sogar mehr wogen als vorher?
Das ist jetzt vorbei!
Mit dem dreiteiligen Kombi-Programm können auch Sie Ihr Wunschgewicht langfristig halten. Durch viele weitere wertvolle Tips erfahren Sie, wie auch ein «Schlemmertag» oder ein «Faulenztag auf dem Sofa» Ihren Gewichtsverlust langfristig nicht gefährden können.

Ein Gesamtverzeichnis aller lieferbaren Titel der Reihe *rororo gesundes leben* finden Sie in der *Rowohlt Revue*. Jedes Vierteljahr neu. Kostenlos in Ihrer Buchhandlung.

3407/5d

Bewegungsschulen

Hans-Dieter Kempf / Frank Schmelcher / Christian Ziegler
Trainingsbuch Rückenschule
(rororo sachbuch 9960)
Sie leiden unter Rückenschmerzen? Sicher sitzen Sie zuviel, bewegen sich zuwenig und stehen oft unter starker Anspannung. Das belastet jeden Rücken! Gezielte Gymnastik zwei- bis dreimal die Woche kann hier schon Wunder wirken. Sie stabilisiert die Wirbelsäule, verbessert Ihre Beweglichkeit und hilft gegen Verspannungen. Das «Trainingsbuch Rückenschule» zeigt Ihnen, wie Sie ohne großen Aufwand sofort mit Ihrem persönlichen Trainingsprogramm starten und schnell Ihr Wohlbefinden steigern können, egal ob zu Hause oder unterwegs. Stärken Sie sich selbst den Rücken!

Hans-Dieter Kempf
Die Sitzschule *Das Programm für Alltag und Beruf*
(rororo sachbuch 9715)

Joachim Grifka
Die Knieschule *Hilfe bei Kniebeschwerden*
(rororo sachbuch 9186)
Das Buch zeigt, wie man sich bei Kniegelenksbeschwerden selbst helfen kann und welche Erkrankungen ärztlich behandelt werden müssen. Es gibt dem Patienten die Möglichkeit, genaue Fragen zu stellen und die ärztliche Behandlung besser zu verstehen.

rororo gesundes leben

Hans-Dieter Kempf
Die Rückenschule *Das ganzheitliche Programm für einen gesunden Rücken*
(rororo sachbuch 9793)
Der Autor präsentiert hier einen Leitfaden zur aktiven Gesundheitsvorsorge und Rehabilitation von Rückenschmerzen. Dabei wird die Veränderung von Alltagsbelastungen, die sinnvolle Ausübung bestimmter Gymnastikübungen ebenso ausführlich behandelt wie die Möglichkeiten am Arbeitsplatz, negative Auswirkungen auf die Wirbelsäule zu vermeiden. Das Buch wendet sich an alle, die bereits Probleme mit ihrem Rücken haben, ebenso an jene, die Rückenschmerzen vorbeugen wollen.

Ein Gesamtverzeichnis aller lieferbaren Titel der Reihe *rororo gesundes leben* finden Sie in der *Rowohlt Revue*. Jedes Vierteljahr neu. Kostenlos in Ihrer Buchhandlung.

3407/5e

Bring dich in Schwung!

William B. Burleigh
Bring dich in Schwung! *Das ganz leichte Fitness-Programm*
(rororo sachbuch 9446)
Dieses Buch erzählt Ihnen alles, was Sie wissen müssen, um fit zu werden, sich besser zu fühlen und Ihr Gewicht zu vermindern. Folgen Sie einfach diesem leichten und amüsanten 16-Wochen-Programm mit der Garantie, sich danach besser zu fühlen als heute. Das Programm zeigt Ihnen, wie Sie in vier Monaten locker einen 5000-Meter-Lauf bewältigen können , ohne daß sie mehr als maximal zwei Stunden pro Woche investieren müssen. Das Buch lädt sie aber nicht nur zum Laufen ein, sondern darüber hinaus zu einer sanften Veränderung Ihrer Lebensweise. Sie müssen lediglich vier Monate lang jede Woche ein paar Minuten für das Lesen eines Kapitels erübrigen und dann die leichten Anweisungen befolgen. Auch wenig Bewegung tut gut, man muß nur im wahrsten Sinne des Wortes den ersten Schritt tun, nehmen Sie also das Buch als Startschuß in ein bewegtes Leben.

Iloana Melas
Die natürliche Bewegung
Energie bewahren, Körperbewußtsein entwickeln, Harmonie finden
(rororo sachbuch 9958)

Tran Vu Chi
Heilen durch Bewegung
Schnelle Selbsthilfe durch WA DO bei Krankheiten und Beschwerden
(rororo sachbuch 9615)

3407/5b

rororo gesundes leben

Klaus Fritz / Isabel Gahlen / Götz Itschert
Gesunde Venen – Gesunde Beine
Aktiv gegen Krampfadern und Venenleiden
(rororo sachbuch 9713)
Besenreiser, Krampfadern, Venenentzündungen, Thrombosen – in Deutschland haben etwa 15 Millionen Menschen Probleme mit ihren Venen. Was Sie alles tun können, um Ihre Venen – und damit Ihre Beine – gesund zu erhalten, erläutert dieser umfassende Reader. Fachleute geben sachkundig und verständlich Auskunft über Aufbau und Funktion des Gefäßsystems, Ursachen von Beinbeschwerden, besondere Risikofaktoren, Diagnose- und Therapieverfahren sowie Möglichkeiten der Selbsthilfe, Vorbeugung und Beschwerdelinderung.

Ein Gesamtverzeichnis aller lieferbaren Titel der Reihe *rororo gesundes leben* finden Sie in der *Rowohlt Revue*. Jedes Vierteljahr neu. Kostenlos in Ihrer Buchhandlung.